두시탈출 컬투쇼 이재익 PD의 로맨틱 하드록 에세이

하드록을 부탁해

글 | 이재익

gasse·가쎄

하드록을 부탁해

두시탈출 컬투쇼 이재익 PD의 로맨틱 하드록 에세이

글 \ 이재익

초판 1쇄 인쇄 \ 2011년 07월 22일
초판 1쇄 발행 \ 2011년 07월 22일

펴낸 곳 gasse · 가쎄 [제 302-2005-00062호]

주소 \ 서울 용산구 이촌동 302-61 Jeil 201
전화 \ 070. 7553. 1783
팩스 \ 02. 749. 6911
인쇄 \ 정민문화사

ISBN \ 978-89-93489-12-5
값 \ 11,800 원

ⓒ 이 책의 판권은 저자와 도서출판 가쎄에 있습니다. 이 책의 내용 전부, 혹은 일부를 재사용하려면 반드시 양측의 서면동의를 받아야 합니다.
www.gasse.co.kr

두시탈출 컬투쇼 이재익 PD의 로맨틱 하드록 에세이

하드록을 부탁해

글 | 이재익

gasse•가쎄

이 책이 나오기까지…

저의 11번째 책입니다. 앞에 나온 10권의 책이 모두 소설이었기에 이 책은 최초의 에세이인 셈입니다.

사회활동을 시작하면서 제게 처음으로 붙은 타이틀은 '소설가'였습니다. 그때 저는 군인의 신분이었습니다. 복학을 하고 학교를 졸업하고 방송국에 입사한 뒤에도 꾸준히 소설을 썼지요. 군인일 때도 학생일 때도 소설을 쓰고 직장생활을 하면서도 쓰는 걸 보면, 소설 쓰기는 영혼이 시키는 일인가봅니다.

제 소설을 아껴주시는 독자들이 많아지고, 맡고 있는 〈두시탈출 컬투쇼〉도 많은 분들이 사랑해주시다 보니 소설이 아닌 에세이를 출간하자는 출판사들이 많았습니다. 모두 미루거나 거절했습니다. 대부분의 기획이 소설가로서 또 〈두시탈출 컬투쇼〉의 PD로서의 제 모습에 초점을 맞추었는데, 저는 아직 삶과 커리어에 대해 정리할 준비가 안 되었으니까요.

그러던 차에 선배 PD를 통해 소개받은 출판사 대표님과 이런 저런 이야기를 나누다 이번 책의 밑그림이 자연스럽게 그려졌습니다. 콘셉트가 좋았습니다.

사춘기+하드록.

우리나라 최초의 하드록 에세이. 음악이야기만큼 사랑이야기도 많이 나오니 '로맨틱 하드록 에세이'라는 표현이 적당할 지도 모르겠네요.

그리고 이 책은 작년에 출간했던 소설 〈압구정 소년들〉의 번외편이라고 불러도 좋을 듯합니다. 유난이 음악이야기가 많았던 그 소설은 성장 소설이기도 했는데 많은 독자들이 실제 제가 겪은 일이 아니냐며 궁금해 했지요. 제 대답은 '반반'이었습니다. 〈압구정 소년들〉에 살짝 묻어 있던 음악이야기와 제 진짜 성장기를 이 책을 통해 제대로 담아 보았습니다.

이 책에는 초등학교를 졸업하던 즈음부터 시작해 대학에 입학하기 전까지, 6년 정도의 기간 동안 저의 어린 시절 모습이 담겨 있습니다. 돌이켜보면 아프고 부끄러운 기억도 있지만 오랜 시간이 지난 지금 돌아보니 참 행복한 시절이었군요.

사춘기 소년의 일기장을 들춰보고, 학창시절 여자 친구의 연애편지를 뒤져서 읽고, 오래 동안 듣지 않았던 음악을 다시 찾아 들으면서 글을 썼습니다. 즐겁고 달콤한 작업이었습니다. 이런 독특한 기획으로 저의 첫 에세이를 펴내주신 가쎄 김남지 대표님, 고마워요.

로맨틱 하드록 에세이 **하드록을 부탁해**

미스터 빅 (Mr. Big)_달콤 씁쌀한 첫사랑의 기억 pt.1 \ 10

데프 레파드 (Def Leppard)_Rock Will Never Die \ 38

건즈 앤 로지즈 (Guns N' Roses)_방탕의 미학 \ 62

메가데스 (Megadeth) vs 메탈리카 (Metallica)_빽판의 추억 \ 90

레드 제플린 (Led Zeppelin)_달콤 씁쌀한 첫사랑의 기억 pt.2 \ 116

익스트림 (Extreme)_헤비메탈을 위한 변명 \ 146

너바나 (Nirvana)_헤비메탈이여 안녕 \ 170

/ 달콤 쌉쌀한 첫사랑의 기억 pt.1

첫사랑이 찾아왔던 고등학교 2학년. 나는 가슴에 가솔린을 담고 사는 18살 소년이었다. 지금도 그때를 떠올리면 금방이라도 불붙을 것 같은, 한 사내아이의 아찔한 충동이 생생하다. 바로 1년 전인 고1 때까지만 해도 나는 전교 10등 밖으로 안 나가는 우등생이었다. 그런데 2학년으로 올라오면서 20등, 30등, 40등 밖으로 성적이 축축 처졌다. 얼마 안 있어 그 정체가 밝혀졌지만 그 당시엔 원인 모를 불안과 일탈 심리가 나를 조종했다.

책을 뒷전으로 밀어낸 만큼 술과 담배를 가까이했다. 남녀공학이었던 탓에 여자아이들과도 곧잘 어울렸다. 저녁마다 야간자율학습실에서 빠져나와 카페로 숨어들었다. 성수대교 남단 4거리 호산 산부인과 병원 안쪽 골목에 카페들이 몇 개 있었는데 그 중 'BC2'라는 카페가 내 아지트였다. 유독 조명이 어두워서 여학생들의 교복 블라우스 단추를 풀기 적절했던 곳이었다.

당시 한참 같이 붙어 다니던, 이 책 곳곳에 등장할 친구 두 명을 소개한다. 요즘도 가끔 만나 술잔을 기울이는 친구들이다. 지금은 영화감독과 회사원으로 살아가고 있는데, 일단 L군과 K군이라고 해두자.

L군은 큰 키에 깡마른 체형이었다. 하얀 얼굴과 뿔테 안경, 그리고 일본만화에 등장하는 더벅머리 캐릭터 같은 헤어스타일을 유지했다. 그는 늘 학업과 세상일에 무심한 귀차니즘으로 일관하는 학생이었다. 그를 한 단어로 규정하자면 '그래?' 였다.

－그래?

누가 뭐라고 말해도 그렇게 덤덤하게 되물으면서 고개를 끄덕일 뿐이었다.

L군은 50명이 조금 넘는 반에서 50등쯤의 성적을 꾸준히 유지하면서 수업 시간 내내 잠만 잤다. 선생들도 L군을 깨우지 않았다. 코도 골지 않고 얌전히 자서 수업에 방해가 되지 않았고, 막상 깨우고 나서 그의 의욕 없는 눈동자를 대하면 맥이 풀려서 수업할 의욕이 꺾였기 때문이 아니었을까, 이제 와서야 추측한다.

그와 친해지게 된 계기는 Rock 음악 때문이었다. 2학년으로 반이 바뀐 첫날, 책상에 걸어놓은 녀석의 가방에 화이트(수정액)로 헤비메탈 그룹 Poison의 로고가 그려져 있었다.

"음악 좋아하냐? 나도 포이즌 좋아해."

Mr. BIG

포이즌의 2집 앨범 재킷이다. 당시 고등학생들은 헤비메탈 그룹의 로고를 수정액으로 여기저기 그려놓는 게 유행이었다. 제일 인기가 많았던 로고는 단연 메탈리카.

내가 먼저 말을 걸었다. L군은 수업시간에는 항상 엎드려 있다가 쉬는 시간이 되면 멍하니 앉아 있거나 산책하듯 복도를 걸어 다니곤 했는데, 그때는 멍하니 앉아 있었다.

"그래?"

녀석은 그렇게 말하고는 고개를 끄덕였다.

그 무심함이 완전 마음에 들었다. 어차피 친구가 거의 없었던 L군은 나와 가까워져서 서로 좋아하는 록그룹의 CD를 빌려주는 사이가 되었다.

K군은 작은 체구에 불량한 시선이 인상적인 학생이었다. 언제나 교복 바지 주머니에 손을 넣고 삐딱하게 고개를 치켜들고 다녔는데 Doors를 무척 좋아해서 교복 재킷 안쪽에 'The Doors'라고 화이트로 적어 놓고 다녔다.

K군은 L군과 달리 무척 활달한 성격이었다. 친구도 많았고 공부도 곧잘 하는 편이었다. 1학년 때까지 다른 반이었던 우리 셋이 삼총사로 뭉치게 된 것도 K군의 사교성 덕분이었다. 그런 K군의 특이사항 중 하나가 담배였다. 그는 1992년 당시에 구하기도 어려운 Camel이라는 브랜드의 담배를 고집했다.

우리 셋의 집은 한강 변을 따라 나란히 이어졌다. K군의 집은 한남대교 남단의 압구정 미성 아파트, L군의 집은 동호대교와 성수대교 사이 현대아파트, 우리 집은 영동대교 남단의 청담동 삼익 아파트였다. 셋이 돌아가면서 서로의 집에 놀러 가곤 했다.

어느 날 K군의 집에 놀러 갔을 때였다. 마침 K군의 어머니가 집에 계셨다. 어머님은 화랑의 큐레이터셨던 걸로 기억한다. 어머님을 처음 뵈었던 우리는 꾸벅 인사를 했다.

"오, 그래. 이야기 많이 들었다. 니가 재익이구나? 니가 대웅이고."

어머님은 우리를 거실에 앉혀놓고 마실 거리와 과일을 내오셨다. 거기까지였다면 이렇게 그 순간을 회상하지 않으리라.

"담배 피울 거면 창문 꼭 열어 놓고 피워."

애연가셨던 K군의 어머님께서 외출하시면서 남긴 말이었다. 그때만큼 친구의 엄마가 부러운 적은 없었다.

우리는 함께 음악을 들으며 담배를 피우고 맥주를 마시고 한강 시민

공원을 쏘다녔다. 머틀리 크루의 불량함을 찬양했고 본조비는 키보드를 쓰기 때문에 진정한 헤비메탈 그룹이 아니라고 개탄하기도 했다. 영화광이었던 L은 〈엔젤하트〉나 〈나인 하프 위크〉 같은 영화를 소개해주며 미키 루크가 최고의 배우임을 강조했다. 헤어무스로 넘겨 햇살에 반짝반짝 빛나는 K군의 머리처럼 유치찬란하게, 우리는 우정을 다져갔다.

전성기의 미키루크, 그리고 킴 베이싱어. 그리고 밑도 끝도 없는(혹평하자면 스토리와 감정선이 엉망인) 섹시함이 흘러넘치는 영화 나인 하프 위크. 킴 언니의 몸을 가리고 있는 정체불명의 희뿌연 안개를 걷어내고 싶네…

그러던 어느 날. 토요일 아니면 일요일이었던 걸로 기억한다.

우리 셋은 이른 오전에 만나 안국동 낙원상가로 향했다. 당시 나는 엄마 몰래 전자 기타를 사서 방에 숨겨놓고 연습하느라 툭하면 밤을 하얗게 샜다. 위대한 기타리스트 형님들의 뒤를 따르리라 꿈꾸면서. 그런 나를 보면서 몇 달째 망설이던 K군과 L군도 같이 스쿨 밴드를

해보자고 의기투합했다. K군은 통기타, L군은 일렉트릭 베이스를 사겠다고 나선 길이었다.

710번(지금은 143번) 시내버스를 타고 낙원상가로 향했다. 버스 뒷자리를 차지하고 어떤 기타를 살까, 어떤 베이스를 살까 시끄럽게 떠들었지만 실상은 용돈을 아껴 모은 얼마 안 되는 돈밖에 없었다. 결국 정품이 아닌 짝퉁 브랜드 악기를 사들고 낙원 상가를 나왔다. 뭐 어차피 벽장에 숨겨놓은 내 기타도 짝퉁 크레이머(Kramer) 기타였으니까.

그래도 K와 L은 세상을 다 가진 듯 신이 났다. 우리는 등에 기타를 메고 담배를 물고 종로 거리를 쏘다녔다. 지금은 잘 기억나지 않는 대화거리를 옮겨가면서, 한순간도 멈추지 않고 떠들어댔던 우리 모습은 기억난다. 전도유망한 록그룹이라도 결성한 기분이었다.

그러다 K가 손가락으로 어딘가를 가리켰다. 우린 모두 걸음을 멈추었다. Mr. Big 사인회를 한다는 포스터가 벽에 붙어 있었다. 순간 짜릿한 전율에 몸을 떨었다.

미스터 빅이 누구인가.

1980년대 말, 헤비메탈 씬은 당대 최고의 테크니션들이 모여 만든 세 개의 그룹이 화제였다.

먼저 블루 머더(Blue Murder). 그룹 씬 리지(Thin Lizzy)와 화이트

스네이크(White Snake)를 거친 '미친 비브라토'의 기타리스트 존 사이크스(John Sykes)와 그 시절 가장 비싼 세션 드러머이기도 했던 헤비 드러머의 원조 카마인 어피스(Carmine Appice), 그리고 헤비 메탈에 드물게 쓰이는 플랫리스 베이스 기타의 명인 토니 프랭클린(Tony Franklin)이 뭉친 빈틈없는 트리오였다.

 멤버들의 이름만으로도 정통 록 마니아들을 열광케 했던 블루 머더는 안타깝게도 수명이 짧았다. 지금도 전설적인 명반으로 꼽히는 데뷔 앨범과 두 번째 앨범을 발표하고는 카마인 어피스와 토니 프랭클린이 그룹을 떠나면서 와해되고 말았다.

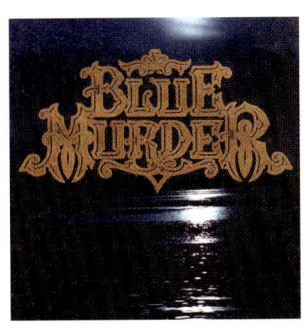

그리고 배드랜즈(Bad Lands)가 있었다. 불세출의 로커 오지 오스본(Ozzy Osbourne) 밴드의 2대 기타리스트 제이크 E 리(Jake. E.

Lee)를 주축으로 블랙사바스를 거친 하이톤 보컬리스트 레이 길런(Ray Gillen)을 영입해 만든 그룹이었다. 당시 제이크는 안타깝게 세상을 떠난 오지 오스본의 초대 기타리스트 랜디 로즈(Randy Rhoads)의 빈자리를 자신만의 색깔로 메우면서 절정의 카리스마를 뽐내던 중이었다.

배드랜즈가 남긴 1,2집은 헤비함과 끈적한 블루스의 절묘한 조화로 평론가들의 찬사를 받았다. 지금도 헤비메탈 음반 수집가들의 필득 아이템으로 꼽힌다. 나 또한 그들의 2집 앨범 〈Voodoo Highway〉를 요즘도 즐겨 듣는다. 그러나 보컬리스트 레이 길런이 34살이라는 젊은 나이에 에이즈 합병증으로 세상을 떠나면서 배드랜즈 역시 역사 속으로 사라졌다.

그리고 미스터 빅. 역시 앞의 두 밴드처럼 멤버들의 면면은 화려했다.

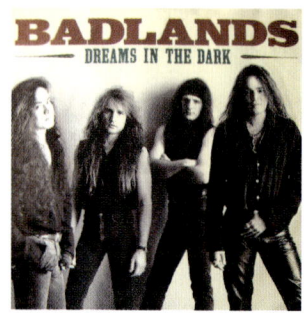

Mr. BIG

레이서 X 출신의 속주 기타리스트 폴 길버트(Paul Gilbert), 베이스 기타를 전자 기타만큼 빨리 연주하는 초특급 베이스 주자 빌리 시한(Billy Sheehan), 그룹 임펠리테리(Impellitteri) 출신의 드러머 팻 토피(Pat Torpey), 그리고 자신의 이름을 건 밴드를 이끌던 에릭 마틴(Eric Martin).

 미스터 빅은 앞의 두 그룹과는 달랐다. 블루 머더와 배드랜즈가 멤버들의 실력을 전면에 앞세운 음악을 선보였다면 미스터 빅은 철저하게 대중적인 코드를 따랐다. 물론 노래의 부분 부분에서 소름 끼치는 실력이 엿보일 때도 있었지만 그들의 노래는 한번 들으면 쉽게 흥얼거릴 만한 멜로디를 지녔고 고개를 까닥거리며 가볍게 들을 만한 쉬운 리듬을 근간으로 했다.

 요리에 비유해볼까? 블루머더와 배드랜즈가 일반 사람들이 먹기엔 부담스러운 최고급 프랑스 코스 요리였다면, 미스터 빅은 그런 요리도 만들 줄 아는 특급 요리사가 만든 햄버거인 셈이었다.

 성공적인 데뷔 앨범에 이어서 발표한 2집 〈Lean into It〉 앨범은 그야말로 대박이 났다. 첫 곡은 공사용 드릴에 기타 피크를 붙여 연주한 극강 스피드의 솔로로 기타 지망생들을 녹다운시켰던 곡 〈Daddy Brother Lover Little Boy〉다. 이 노래는 미스터 빅의 지향점을

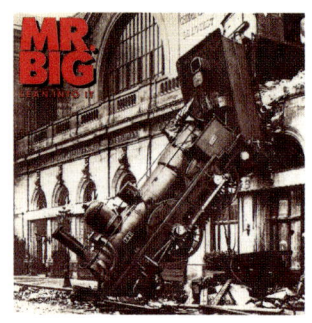

보여준다. 솔로 파트에서는 흉내 못 낼 절정 기교를 뽐내면서도 노래 가사는 사랑스럽다 못해 깜찍하기까지 하다.

－나는 당신의 모든 것이 되고 싶어요. 아빠 오빠 애인, 그리고 꼬마.

나는 아직도 이 노랫말만큼 귀여운 사랑 표현을 들어본 적이 없다.

그 노래를 시작으로 달콤하고 신나고 아름다운 록 넘버들이 이어진다. 그리고 보너스 트랙처럼 어쿠스틱 버전으로 실린 마지막 곡, 〈To Be with You〉. 이 노래는 빌보드 팝 차트에서 1위를 차지하는 기염을 토하며 그들을 록씬을 넘어선 팝스타의 반열에 올려놓았다.

우리 압구정 고등학교 3총사가 첫 번째로 같이 연습해보기로 정한 노래도 바로 〈To Be with You〉였다. 그런데 미스터 빅이 사인회를 하다니!

우리는 포스터 앞으로 달려가서 시간과 장소를 확인했다. 바로 그날 오후, 영풍문고였다. 아직 몇 시간 여유가 있었다. 우리는 미리 정보를 입수하지 못한 스스로를 탓하며 곧장 영풍문고로 달려갔다.
우려했던 대로 줄이 엄청나게 길었다. 지하에서 시작된 줄은 계단을 타고 지상으로까지 이어졌다. 대부분 우리처럼 헤비메탈에 경도된 고등학생들이었다.
일단 줄을 서는 수밖에. 그렇게 뒤로 가려는데 K군이 꾀를 냈다.
"아르바이트를 자원하자!"
과연 가능할까? 의구심을 갖고 있었지만 워낙 수완이 좋은 녀석이라 일단 믿고 따르기로 했다. 우리는 줄을 서지 않고 줄 옆으로 내려갔다. 영풍문고 입구에서 직원으로 보이는 아저씨들이 몇 보였다. K가 다가가서 말을 붙였다.
요지는 간단했다. 음악을 하는 학생들인데 미스터 빅의 광팬이다. 오늘 사인회에서 일을 돕고 싶다. 멤버들 음료수도 챙기고 종이와 사인펜도 챙기고 옆에서 거들 사람들이 필요하지 않겠느냐. 시켜만 주신다면 영광으로 생각하겠다. 뭐 이런 식의.
예상보다 훨씬 많이 몰린 팬들의 반응에 당황하고 있던 직원들은 의외로 흔쾌히 K군의 제안을 들어주었다. 우리 셋은 각자 임무가 달랐다. K는 멤버들의 사인 종이와 사인펜이 떨어지지 않도록 챙기는 일을, L은 홍보용 포스터를 나눠주는 일을 맡았다. 나는 줄 앞에 서서

한 사람씩 차례로 사인을 받도록 안내하는 역할을 했다. 아직 사인회는 서너 시간 남아 있었다. 미스터 빅이 도착하기만을 기다리며 서 있는 수백 명의 팬들 앞에 섰다. 오늘 가장 먼저 와서 기다린 사람과 마주하게 되었다. 부드러운 계란형의 얼굴에 까만 머리를 뒤로 묶은 여학생이었다. 쌍꺼풀이 없는 눈은 검고 깊었고 입술은 과연 숟가락이 들어갈까 싶을 정도로 작았다. 나이는 내 또래로 보였다. 내가 말을 걸었다.

"언제 오셨어요?"

"아침 아홉 시요."

그녀의 목소리는 나이에 어울리지 않게 몹시 차분했다. 꼽아보니 다섯 시간도 넘게 기다린 셈이었다.

"미스터 빅 좋아하시나 봐요?"

"네."

그녀는 별로 말이 많은 편이 아니었다. 하지만 우리의 우상이 올 때까지 시간은 너무 많이 남아 있었고 나와 그녀는 1미터도 안 되는 거리에서 마주 보며 기다려야 했다. 대화를 안 하고 있기가 더 어색한 상황이기도 했다. 내가 또 물었다.

"미스터 빅 말고 또 어떤 밴드 좋아하세요?"

"아이언 메이든. 쥬다스 프리스트. 레드 제플린. 판테라……"

그녀의 입에서 헤비메탈에 미친 남자애들이 열광할 이름들이 줄줄 이어졌다. 가슴이 벅차올랐다. 동지를 만난 심정이랄까. 그리고 '록 음악을 좋아하는 여자애들은 다 못생겼다' 라는 우울하고도 보편적인 진실을 보기 좋게 부셔버리는 순간이었다.

그녀는 예뻤다.

18살 소년의 가슴에 출렁이던 가솔린에 불이 붙었다. 밤낮으로 소년을 괴롭게 하던 불안과 두근거림의 정체가 밝혀졌다. 소년은 사랑을 하고 싶었던 거다.

영풍문고 앞에는 몇 시간 동안 미스터 빅의 1,2집에 있는 노래들이 반복해서 흘렀다. 우리 둘은 신나게 음악 이야기를 했다. 말수가 적은 편이었지만 그녀 또한 눈을 반짝이며 대화를 이어갔다. 그녀는 나보다 한 살 어렸고 우리 고등학교 맞은편에 있는 상아레코드의 단골이었다. 그리고 다시 말하지만, 예뻤다.

언제 시간이 후딱 흘러갔는지 미스터 빅이 도착했다. 에릭 마틴, 빌리 시한, 폴 길버트, 팻 토피. 네 명의 형님들이 정말로 우리 앞에 나타났다. 맙소사, 그들은 상상했던 것보다 훨씬 더 멋졌다. 환한 미소를 지으며 손을 흔드는 빌리 형님의 모습에 줄을 서 있던 사람들이 모두 환호했다.

그들은 바로 테이블에 앉았고 사인회가 시작되었다. 당연히 내 앞에 있던 그녀가 1번으로 사인을 받았다. 그녀는 나를 돌아보더니 손을 들어 인사하고 사라졌다. 그토록 기다리던 미스터 빅, 나의 영웅이 눈앞에 있었는데도 마음이 쓰렸다.

한참 뒤에야 알았다. 그녀의 이름도 전화번호도 주소도 학교도 물어보지 않았다는 사실을. 나는 깊은 자괴감에 빠졌다.

이 바보. 병신아. 걍 죽어.

줄 서 있던 사람들이 전부 사인을 받고 마지막으로 우리 삼총사가 포스터와 입고 있던 셔츠 등판에 사인을 받고 나서도 나는 반쯤 정신이 나간 사람 같았다.

집에 돌아와서 밤늦게까지 미스터 빅의 노래를 들으며 우두커니 앉아 있었다. 책도 기타도 잡지 않았다.

난생처음으로 여자에게 마음이 끌렸는데, 이렇게 끝나나요?

다음 날에도 그 다음 날에도 미스터 빅의 2집 앨범만 되풀이해서 들었다. 소녀의 얼굴이, 반짝이던 눈동자가 눈앞을 떠나지 않았다. 그런데 찾을 수가 없다. 이름도 주소도 전화번호도, 다니는 학교도 모른다.

며칠 뒤 내 고민을 들은 K군이 기발한 아이디어를 냈다.

"우리보다 한 살 어리다며? 상아레코드가 단골이라면 이 근처에서

Mr. BIG

멀지 않은 학교를 나왔겠지. 우리 한 해 아래 여자애들 중학교 졸업 앨범을 뒤져보면 어딘가 있겠지. 얼굴은 알잖아?"

다음날부터 인근 중학교의 졸업 앨범을 구해 뒤졌다. 구정중학교, 신사중학교, 신구중학교, 청담중학교, 봉은중학교...... 그녀를 찾을 수 없었다. 친구의 친구, 그 친구의 서클 후배, 그 후배의 친구...... 계속해서 졸업 앨범을 구해 보았다. 나는 그녀를 찾을 때까지 서울에 있는 중학교 앨범을 몽땅 확인할 생각이었다. 아마 지금 강남 인근에 돌아다니는 1976년생 여자들 중 적지 않은 사람들은 어린 시절의 얼굴을 내가 한 번쯤 스쳐봤을 거다.

정확히 몇 번째 앨범이었는지는 모르겠다. 열대여섯 번째쯤 되지 않았을까 추측해본다.

그녀가 있었다. 그녀의 사진과 이름 세 글자를 손끝으로 쓰다듬었다. 너였구나.

사인회장에서 본 그녀는 안경을 안 썼는데 졸업 앨범에서는 안경을 쓴 얼굴이었다. 내 귀에는 환청으로 미스터 빅의 노래 〈Green Tinted Sixties Mind〉가 흘렀다. 폴 길버트의 달콤하고 매끄러운 기타 소리에 그녀의 음성까지 함께 들리는 착각에 빠졌다.

앨범 뒤에 수록된 전화번호를 찾았다. 그녀의 집 전화번호임을 다시 한 번 확인하고 메모했다.

학교가 끝나고 자율학습을 하다가 적당한 타이밍에 빠져나왔다. 핸드폰도 삐삐도 없던 시절, 학교 뒤편 공중전화 부스로 들어갔다. 카드를 넣고 그녀의 집 전화번호 일곱 자리를 정확히 눌렀다. 그녀의 어머니로 추정되는 음성이 들렸다. 나는 정중하게 그녀를 바꿔달라고 부탁했다. 누구냐고 물어보는 대답에 뭐라고 말했는지는 모르겠다. 어쨌든 그녀가 전화를 받았다.

"여보세요?"

"나 기억나?"

딱 그렇게만 말했는데 수화기 건너 그녀가 웃음소리가 살짝 들렸다. 오직 18살에만 느낄 수 있는 들뜬 행복감이 나를 정신 못 차리게 했다.

그렇게 그녀를 다시 찾았다. 우리는 주말에 만나서 광화문에 있는 내 단골 레코드 가게를 함께 갔다. 앨범을 사고 천천히 길을 걸으며 이야기를 나눴다. 주로 음악 이야기였다. 그녀는 티셔츠 등판에 미스터 빅의 사인을 받았다는 내 말에 무척이나 부러운 표정을 지었다.

다음에 만날 때 그 티셔츠를 갖고 갔다. 그녀에게 셔츠를 내밀었는데 손을 내저었다.

"아냐. 갖고 있어. 너에게도 소중한 추억이잖아."

지금 생각해보면 한 살 어린 그녀가 왜 나한테 반말을 했는지 모르겠다.

Mr. BIG

여하튼 우리는 오빠 동생이 아닌 친구로 가까워졌다. 같이 맥주를 마시고 편지를 주고받고 햄버거를 먹고 떡볶이를 먹고 거리를 걸었다. 그녀를 통해 처음 접한 세계도 있었다. 음악 감상회.

요즘이야 네이버에 노래 제목만 치면 노래와 뮤직비디오가 전부 튀어나오지만 1992년에는 직접 돈을 주고 음반과 뮤직비디오를 사지 않는 한 제대로 음악을 감상할 방법이 없었다. 라디오는 음질이 구렸고 듣고 싶은 음악을 일일이 사려면 돈이 달렸다. 자료 과잉인 요즘과 달리, 그 시절 음악 팬들은 항상 목마른 상태였다. 그런 역사적 요구로 탄생한 문화가 바로 음악 감상회, 줄여서 음감회라고 부르던 자리였다.

보통은 음악 잡지나 동호회에서 음악 감상회를 주최했다. 시내의 카페에 모여 회원들이 각자 추천하는 노래를 듣거나 뮤직비디오를 감상하는 식이었다. 그녀는 종로의 한 카페에서 열린 음악 감상회에 나를 데리고 가주었다. 몇 번 더 음감회를 따라갔는데 아직도 어떤 노래를 듣고 어떤 뮤직비디오를 봤는지 기억이 생생하다. 슬쩍슬쩍 훔쳐보던 그녀의 옆모습도. 그녀의 몸에서 풍기던 기분 좋은 냄새, 두근두근 내 가슴도.

우리 사이가 꽤 가까워졌던 어느 날, 그녀가 초대를 했다.

−우리 집에 놀러 올래?

그녀의 집은 대치동 은마 아파트의 어느 동 제일 꼭대기 층이었다. 식구들이 없는 틈을 타서 나를 초대했다. 처음으로 사랑하는 여자와 단둘만 있게 된 소년은 엘리베이터를 탈 때부터 땀을 흘릴 정도로 긴장했다. 벨을 누르자 그녀는 미소 띤 얼굴로 나를 맞이했다.

아무리 록음악을 좋아한다고 해도, 그녀의 방은 영락없이 소녀 취향이었다. 그녀의 글씨가 올망졸망 예쁜 여자애 글씨였던 것처럼. 좁은 방에 오래 있기가 어색해 거실로 나왔다.

집 안에 독특한 분위기가 흐른다고 생각했다. 중국풍의 가구와 물건들이 꽤 많았다. 그녀가 말했다.

—우리 엄마가 화교야. 우리 집에서는 꼭 쌍십절 명절을 지내. 특이하지?

아하, 고개를 끄덕이는 나를 보며 그녀가 무심하게 말했다.

—너희 아빠도 너를 많이 때리니?

나는 그때까지 한 번도 아빠한테 맞은 적이 없었다. 얼마 안 있어 내 생애 처음이자 마지막으로 아빠에게 맞은 사건이 터지긴 했지만. 나는 어깨를 으쓱 올려 보였다.

—아빠는 툭하면 나를 때려. 술에 취해서.

무슨 말을 해줘야 할지 몰랐다. 가슴 아픈 침묵이 이어졌다. 거실 벽에 걸린 벽시계의 초침 소리가 점점 더 크게 들렸다. 담담하게 고백

하는 그녀를 안아주려고 했으나 그녀는 슬프게도 내 품을 거절했다. 그리고 그녀는 잊지 못할 선물을 주었는데, 그 이야기는 잠시 뒤에 하겠다.

여기까지가 미스터 빅과 함께 한 내 첫사랑, 달콤 쌉쌀한 기억의 '달콤' 파트다.

이PD의 Mr. BIG 추천곡

Addicted to That Rush / 그들이 최고의 테크니션들임을 보여주는 첫 앨범의 첫 곡. 폴 길버트의 그루브한 기타 리프가 일품이다. 빌리 시한 형님의 베이스 연주는 길이길이 남겨야 할 인류의 문화유산이라고 생각함.

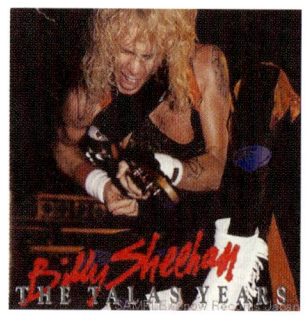

내년이면 우리 나이로 예순이 되시는 빌리 큰형님의 전성기 시절 모습

Daddy Brother Lover Little Boy / 앞에서 말한 것처럼 미친 기타 솔로와 귀여운 가사의 절묘한 조합. 뻥 뚫린 도로를 질주하는 차에서 들으면 제격이다. 물론 코러스 파트를 목청 높여 따라 부르면서. 나는 너의 아빠, 오빠, 애인, 그리고 꼬마 아이가 되고 싶어!

To Be with You / 빌보드 차트 1위에 빛나는 히트곡. 초보자도 며칠만 바짝 연습하면 기타로 칠 수 있을 만큼 쉽다.

Wild World / 원숙기에 접어든 3집 앨범 〈Bump Ahead〉에 있는 곡. Cat Stevens의 원곡을 멋지게 리메이크했다. 로커라기보다는 백인 소울 가수의 필이 많이 느껴지는 에릭 마틴의 매력이 잘 드러난다. 떠나가는 여자에게 바깥세상이 험하니 몸조심 하라는 내용의 슬픈 가사다.

Mr. Big의 3집 앨범 재킷. 지금 보니 좀 유치한걸?

Road to Ruin / 개인적으로 가장 좋아하는 노래. 시원시원하게 두드리는 드럼과 쫀득쫀득한 기타 리프, 그리고 무엇보다 멤버들의 코러스가 맘에 든다. 테크니션들이 실력을 숨기고 맘 편하게 뽑아내는 호쾌한 로큰롤!

이PD의 Mr. BIG 번외편

あなたのキスを？えましょう (당신과의 키스를 세어보아요) - Eric Martin

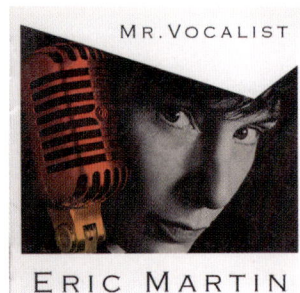

히힛~ 나이 쉰 살에 이런 귀요미라니...

2002년 미스터 빅이 해체한 뒤 (후에 재결합했다.) 보컬리스트 에릭 마틴은 록밴드의 보컬로만 남기 아까운 감성 충만한 목소리를 이용해 깜짝 놀랄만한 시리즈를 발표했다. 앨범 타이틀은 〈Mr. Vocalist〉. 1탄은 일본 여자 가수들의 히트곡을 다시 불렀고 2탄은 여자 팝가수들의 히트곡을 리메이크해서 실었다. 최근 3탄까지 발매되었다.
수록곡의 면면이 기막히다. 머라이어 캐리의 'Hero', 뱅글스의 'Eternal Flame' 같은 여자 팝가수의 발라드는 물론이고, 우리나라에서 박효신과 서영은이 불러 유명해진 나카시마 미카의 '雪の華' (눈의꽃), 그리고 박화요비가 커버했던 코나야키 유키의 히트곡 'あなたのキスを？えましょう~You were mine~' (당신과의 키스를 세어보아요)도 실려 있다.
정말 묘하게…… 좋다.
참고로, 국내에 발매된 앨범은 1,2탄에서 절반씩 노래를 골라 섞은 편집 앨범이다. 왜 이런 식으로 앨범을 들여오는지 참……

Somewhere over the Rainbow - Impellitteri

속주 기타리스트 임펠리테리가 이끌던 동명의 그룹 임펠리테리의 데뷔 앨범에 실린 연주곡이다. 미스터 빅의 드러머 팻 토미가 미스터 빅에 가입하기 전에 있던 밴드가 임펠리테리였다. 팻은 이 앨범에만 참여하고 미스터 빅의 일원이 되었다.
단순하고 아름다운 주디 갤런드의 원곡(영화 오즈의 마법사에 삽입된)이 놀랍도록 화려하고 벅찬 연주로 바뀌었다. 눈을 감고 주디 갤런드의 노래를 들으면 구름을 타고 무지개를 넘어가는 기분이 드는데 임펠리테리의 기타 연주를 듣노라면 음속 전투기를 타고 무지개를 넘나드는 기분이 든다.

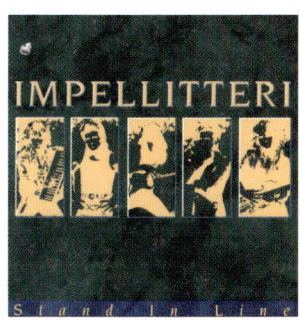

Shy Boy - David Lee Roth

데이비드 리 로스는 그룹 반 헤일런(Van Halen)의 보컬리스트였다. 그는 그룹의 리더이자 기타리스트 에디 반 헤일런과의 마찰로 그룹을 탈퇴하면서 보란 듯이 실력자들을 모아 밴드를 결성했다. 미스터 빅의 베이시스트 빌리 시한이 바로 데이빗 리 로스 밴드의 베이시스트였다.

누드나 다름없는 재킷 사진에서 알 수 있듯이 데이비드 형께서는 섹시 마초 로커의 상징되시겠다. 무대에서는 거의 날아다녔는데 김장훈의 공연 매너와 매우 흡사하달까?

이 노래는 미스터 빅도 종종 라이브에서 연주하는데 빌리 시한의 베이스 솜씨가 가장 드러나는 곡이다. 더불어, 한때 (어쩌면 여전히) 테크닉 면에서는 세상에서 제일 기타 잘 치는 사나이로 불리던 기인 스티브 바이의 화려한 연주도 감상해보기를.

Mr. BIG

/ Rock Will Never Die

나의 고향은 경상북도 울진이다. 이름만 들어서는 모르는 사람도 있을 테니 잠깐 설명을 하자면, 경상북도 최동북단 인구 5만 명의 군 소재지다. 동해안의 경치 좋은 바닷가 마을 중 하나인 만큼 산도 좋고 바다도 멋지다. 우리나라의 몇 안 남은 오지(奧地)로 방송에 소개되기도 한 왕피천, 불영계곡도 있는 시골이다.

초등학교 3학년 때 처음으로 서울 구경을 했다. 돈가스도 맛있고 시골에서 볼 수 없었던 다양한 자동차도 멋있고 어린이 대공원의 놀이 기구들도 재미있었다. 그러나 어린 꼬마의 마음을 사로잡은 진정한 매혹의 대상은 도시의 야경이었다.

시골은 밤이면 암흑에 잠겼다. 그러나 도시는 해가 진 뒤에 더 화려하게 변신했다. 그것은 천동설에서 지동설로 바뀌는 것처럼 인식을 뒤집는 충격이었다. 며칠 신세를 졌던 외삼촌 집이었던 잠실 장미 아파트 창문 너머로 오래오래 도시의 불빛을 바라보았다. 꼭 서울에서 살겠다고 마음먹었다.

Def Leppard

울진으로 돌아오자마자 서울 가서 공부하고 싶다고 떼를 썼다. 어린 아들이 졸라대는 통에 부모님은 무척 당황하셨으리라. 울진에서 15년째 약국을 하고 계셨던 아빠는 생활기반이 모두 울진에 있었다. 처음에는 어린아이가 괜히 투정을 부리려니 하고 넘기시던 당신은 몇 달째 집요하게 계속되는 아들의 성화에 결국 서울행을 결정했다.

내가 13살이 되던 해 우리 가족은 서울로 이사했다. 반포에서 잠깐 살다가 청담동에 쭉 살았다. 서울 안에서 이사를 다녀도 아이들은 낯선 환경에 적응하느라 힘이 드는데 집에서 소 돼지를 키우던 시골 마을에서 강남 한복판으로 왔으니 어땠겠는가?

처음에는 서울 아이들의 차별도 심했다. 특히 여자아이들이 그렇게 나를 놀리고 괴롭혔는데 사춘기에 막 들어섰던 14살 꼬마에게는 견디기 힘든 수치였다. 혼자 울기도 많이 울었다. 그 당시 쓴 일기를 보면 처절하기까지 하다.

놀림과 콤플렉스의 늪에서 외롭게 버티던 꼬마에게 낙이 생겼다. 라디오였다. 나는 틈만 나면 황인용, 김광한, 김기덕 아저씨가 진행하는 라디오에 귀를 기울였다.

1980년대 후반에는 우리나라에서도 팝 음악이 대세였다. A-ha, Duran Duran, Michael Jackson, Wham!, Madonna, Cyndi Lauper…… 그중에서 내 귀를 휙 잡아당긴 음악이 있었으니 바로

Def Leppard

헤비메탈이었다. 짐작컨대 청량감 때문이었으리라. 불량스럽게 생긴 형아들이 연주하는 통쾌한 사운드는 잔뜩 움츠러 있던 사춘기 소년의 마음을 상쾌하게 풀어주었다.

그 시절은 헤비메탈의 전성시대기도 했다. 빌보드 팝 싱글차트도 헤비메탈 음악이 종종 1위를 차지했고 Bon Jovi, White Snake, Motley Crue, Judas Priest 등이 라디오에 자주 소개되었다. 처음에는 장르를 가리지 않던 나의 음악 취향은 점점 헤비메탈로 무게추가 움직였다. 자극의 극치. 헤비메탈의 강렬한 사운드에 맛을 들이자 일반 팝 음악의 말랑말랑한 음은 시시하게 느껴졌다.

그런 나를 완전히 포로로 만든 노래가 있었다. 영국 출신 그룹 데프 레파드(Def Leppard)의 Pour Some Sugar on Me.

노래를 듣는 순간 마치 고압 전류에 감전된 듯 몸을 움직이지 못했다. 트윈 기타가 뿜어내는 멜로딕한 리프가 섬광처럼 번득였다. 그 위로 내지르는 조 엘리엇의 섹시한 목소리와 호쾌하게 두드리는 드럼 비트가 큐피트의 화살처럼 심장에 팍팍 꽂혔다.

자신감 제로의 늪에 빠져 있던 사춘기 꼬마는 어느새 헐벗은 옷차림의 글래머 미녀를 태운 빨간 스포츠카를 타고 라스베이거스의 거리를 질주하고 있었다. 자유와 기쁨을 넘어 방종과 향락의 세계로 인도하는 음악.

아― 그것이 바로 헤비메탈이었다.

Def Leppard는 1977년에 결성된 영국 셰필드 출신의 록밴드다. 그룹명은 귀머거리 표범이라는 Deaf Leopard에서 철자를 바꿔 만들었다. 동네 친구들이었던 10대 후반 멤버들로 출발한 그룹의 역사가 이토록 파란만장하게 이어지리라고는 본인들도 몰랐겠지.

아직 그들이 아기 표범이었을 때. 30년 전에 찍은 사진이다.

1980년에 데뷔 앨범 〈On Through the Night〉을 발매한 뒤 그들은 비교적 순조롭게 인기를 얻었다. 1983년에 기타리스트 필 콜린이 합류하고 발표한 3집 앨범 〈Pyromania〉는 천만 장이 넘는 어마어마한 판매량을 올리며 그들을 록스타의 반열에 올려놓았다. 인기를 실감케 하는 대규모 순회공연을 마친 후 그들은 다음 앨범을 위한 준비

Def Leppard

작업에 들어갔다.

1984년의 마지막 날, 끔찍한 소식이 멤버들에게 전해졌다. 드러머 릭 앨런(Rick Allen)의 교통사고 소식이었다. 고향인 셰필드 외곽 시골 도로에서 그가 탄 차는 낭떠러지로 굴러떨어졌다. 죽지 않은 것이 다행이었다. 대신 그의 왼팔이 끊어져 나갔다. 접합수술이 실패로 끝나고 그는 왼팔을 완전히 잃었다. 축구를 두 발로 하듯 드럼은 두 팔로 친다. 한 팔을 잃는다는 건 드러머로서는 사형 선고와도 같았다.

팔을 절단하고 몇 달 동안 병원에 입원해 있던 릭 알렌은 오른팔만 남은 모습으로 멤버들 앞에 섰다.

-너희들이 기회를 준다면 남은 한쪽 팔로 도전해보고 싶어.

멤버들 모두 쉽게 대답하지 못했다. 밴드로서도, 릭으로서도 쉽지 않은 도전이었다. 전례가 없었기에 짐작조차 하지 못했다. 지나친 욕심일까? 헛된 기대일까? 아니면 망상일까? 마침내 밴드의 리더이자 보컬인 조 엘리엇이 릭의 하나뿐인 손을 잡았다. 그는 분명히 말했다.

-끝까지 함께 간다.

Simmons 社에 부탁해 한 팔로 칠 수 있는 드럼 세트 제작에 착수했다. 시행착오 끝에 일반 드럼이 아닌 전자 드럼으로 방향을 틀었고 마침내 세상에서 하나 밖에 없는 희한한 드럼 세트를 만들어냈다. 그리고 외팔이 드러머를 포함한 다섯 사나이는 앨범 녹음을 위해 스튜디오에 들어갔다.

보이는가? 팔 없이 늘어진 티셔츠 소매가... 그리고 굳은 표정이.

록 역사상 가장 길고 고통스러운 작업이 이어졌다. 새 앨범을 위해 모아놨던 노래들은 전부 버렸다. 그전까지 유지하던 음악 색깔도 전면 수정해야 했다. 아무도 결과를 예측할 수 없었다. 녹음 기간만 1년이 넘게 걸렸다.

전작을 발매한 지 4년 만에 신작이 모습을 드러냈다. 멤버들의 심리 상태를 담아낸 것일까? 앨범 타이틀은 '광란'이라는 뜻의 〈Hysteria〉.

처음에는 반응이 별로 없었다. 워낙 공백이 길었고 음악도 낯설었다.

Def Leppard

사람들이 데프 레파드에게 원하던 타이트한 느낌의 헤비메탈이 아니었다.

그런데 입소문을 타고 릭 앨런의 투혼과 멤버들의 우정이 알려지면서 기적이 일어났다. 뒤늦게 판매량이 점점 늘어갔다. 게다가 앨범을 들은 팬들의 극찬이 이어지면서 가속도가 붙은 판매량은 결국 기존의 헤비메탈 앨범과 관련한 기록을 모조리 갈아치웠다.

1500만 장이 넘게 팔린 〈Hysteria〉는 25년이 지난 아직도 가장 많이 팔린 헤비메탈 앨범 중 하나로 꼽힌다. 그 앨범에서만 무려 7곡의 싱글이 빌보드 싱글차트에 올랐는데 이 역시 Rock 장르의 앨범으로는 전무후무한 기록이다. Love Bites가 1위, Pour Some Sugar on Me가 2위, Armageddon It이 3위 등이다. 앨범 차트 정상도 6주간 지켰다.

수치를 논하지 않더라도 내용면에서도 최고라는 말이 아깝지 않다. 특수 제작한 릭 앨런의 전자 드럼 소리는 귀에 거슬리지 않고 오히려 유니크하게 들린다. 절대 절명의 순간을 함께 이겨낸 멤버들은 AC/DC의 앨범 작업으로 유명한 존 머트 랭의 꼼꼼한 지휘 아래 혼연일체로 걸작을 만들어냈다.

앨범이 탄생하기까지 지난했던 사건들의 흔적은 없다. 멜로디는 밝고 희망차고 리듬은 여유롭고 씩씩하다. 기타 솔로도 과하거나 허전

하지 않다. 무엇보다 멤버들이 입을 모은 유려한 코러스가 역전의 드라마와 연상 작용을 일으키면서 감동을 준다.

우리나라에서도 〈Hysteria〉 앨범이 한참 인기를 얻던 1988년, 중학교에 올라간 지 얼마 안 되었던 날로 기억한다. 라디오에서 녹음한 노래를 테이프가 늘어지도록 듣다 지친 나는 결국 〈Hysteria〉 앨범을 샀다. 그때는 아직 CD가 없던 때라 LP 레코드를 샀다. 내 돈을 주고 산 최초의 앨범이었다.

놀라지 않을 수 없었다. 앨범은 그야말로 절름발이였다. 내가 제일 좋아하던 노래 Pour Some Sugar on Me는 아예 없었다. 후에 안 사실이지만 Run Riot이라는 노래도 없었다. 전두환 정권 아래 서슬 퍼렇게 살아 있던 공륜심의 때문이었다. Pour Some Sugar on Me는 가사가 외설적이라는 이유로, Run Riot은 제목에 '폭동' 이라는 뜻의

'Riot'이 들어갔다는 이유로 금지곡으로 묶인 것이었다.

아...... 각하! 국민의 정서 안정을 배려하는 전두환 각하의 세심한 손길에 어린 나는 뜨거운 눈물을 흘렸다.

몇 년 뒤 오리지널 LP 수입반을 다시 구입했다. 12개의 보석 같은 트랙들이 온전히 담긴. 그리고 또 몇 년 뒤에는 수입 CD를 샀다. CD 플레이어로 편리하게 듣기 위해서. 2007년에는 발매 20년을 기념한 디럭스 버전도 구했다. 싱글로 발매되었던 곡의 B-Sides에 실린 노래들과 여러 가지 데모, 라이브, 리믹스곡들이 수록된 보너스 CD가 함께 들어 있다.

한 앨범을 무려 네 가지 형태의 음반으로 갖고 있는 셈이다. 그 중에서도 무려 한국 현대사의 그늘진 단면까지 담아낸, 대머리 아저씨의 편집 버전에 가장 애착이 간다.

나는 아이들의 놀림과 이방인 콤플렉스를 털어낼 방법을 찾아냈다. 공부였다. 공부를 잘하면 친구들도 인정해줬고 여자아이들에게도 인기가 많았다. 나는 '투쟁'이라는 단어의 의미를 잘 모르던 어린 시절부터 투쟁적으로 공부했다. 경상북도 울진 꼬마가 강남구 청담동에서 살아남기 위한 투쟁이었다.

내가 공부를 제일 열심히 했던 때는 중학생 시절이었다. 식구들도 질릴 정도로 독을 품었다. 방에는 벽지 위에 빽빽하게 종이를 붙였다. 영어 단어와 수학 공식, 물리학 법칙 등등을 적은 전지였다. 어느 한 쪽 벽만이 아니라 창문이 있는 부분만 빼고 문짝까지 도배하듯 발라 버렸다. 침대에 누워서도 볼 수 있게 천정에도 종이를 붙였다. 시험 기간에는 화장실에 가면 공부 흐름이 끊어진다고 책상 아래 병을 놔두고 소변을 보면서 하루 종일 방에서 안 나오고 버텼다.

고등학교 때는 연애하고 기타 치느라 밤잠을 줄였지만 중학교 때는 공부만 하기에도 하루가 모자랐다. 학교에 있는 시간을 포함하면 3년 내내 매일 10시간 넘게 공부를 했던 걸로 기억한다. 그렇게 일과표를 짰고 그대로 지켰으니까.

아이러니하게도 공부와 아무 상관없는 헤비메탈 음악, 특히 데프 레파드가 나의 버팀목이자 자극제였다. 힘들고 지칠 때마다 그들의 작살 헤비메탈을 들으며 극적인 성공 이야기를 상기했다. 외팔이 드러머가 최고의 헤비메탈 앨범을 만들어 낸 투혼에 비하면 내가 하는 공부는 아무것도 아니야. 그런 식으로 자기 최면을 걸었다.

나폴레옹, 퀴리부인, 이순신, 세종대왕, 베토벤...... 엄마가 사준 수많은 위인전기를 읽었지만 결국 나에게 가장 큰 힘이 된 사람은 저항과 불량함의 상징, 로커였다.

중학교 교과서마다 나는 적어놓곤 했다.

Def Leppard

Rock Will Never Die.

그 비장한 문구는 스스로에게 외치는 파이팅의 구호이기도 했다.

셰필드 출신의 표범들은 꿈에도 몰랐겠지. 쾌락과 일탈을 찬양하는 그들의 음악이 대한민국의 한 소년에게 극한의 학습 스케줄을 지탱하는 도구로 쓰였음을.

최근 부담감에 시달리다 자살을 택한 카이스트 학생들의 잇따른 비보를 접하면서 이런 의문이 들었다. 고등학교, 대학교에서도 중학교 때처럼 무섭게 공부했더라면 난 지금쯤 어떻게 됐을까? 고시 3관왕...... 이 아니라 정신병자가 되었으리라 확신한다.

중압감이란 어느 정도까지는 성공을 위한 좋은 추진력으로 작용하지만 한계를 손톱만큼이라도 넘어서는 순간 파멸의 연쇄작용을 부른다. 그 한계치는 사람마다 모두 다르다.

같은 맥락에서 다시 데프 레파드의 스토리로 돌아가 보자.

드러머 릭 앨런의 사고를 딛고 일어나 〈Hysteria〉 앨범을 록의 역사에 아로새긴 뒤, 데프레파드는 명실공히 세계에서 가장 인기 많은 밴드가 되었다. 초대형 순회공연은 연이어 매진이었고 그들의 이야기는 책과 영화로도 만들어졌다. 그러나 멤버들 중 한계치를 넘은 중압감에 짓눌린 이가 있었다.

故 Steve Clark. 밴드의 태동을 함께했던 원년 멤버 기타리스트였다. 나이 들어서도 소년의 눈망울을 잃지 않았던 순수한 영혼 스티브 클락. 그는 3집 앨범부터 가입한 기타리스트 필 콜린에게 실력으로 밀리는 처지였다. 실제로 3집 앨범 〈Pyromania〉에서 화려한 기타 솔로는 대부분 필 콜린의 차지였다. 많은 음악 평론가들이 3집 앨범의 성공을 필 콜린의 공으로 돌리기도 했다.

스티브 클락은 기타 파트에서 자기 비중이 점점 줄어드는 것에 무척 예민하게 반응했다고 전해진다. 필 콜린에게 밀리지 않고 자기 역할을 다해야 한다는 중압감은 결국 그를 알코올의 늪으로 밀었다. 〈Hysteria〉 앨범에서도 필 콜린의 기타가 전면에 나서고 스티브 클락은 그를 받쳐주는 존재로 만족해야 했다. 스티브의 알코올 의존증은 그룹이 성공 가도를 달릴수록 비례해서 심각해졌다.

마침내 데프 레파드가 최고의 높이로 치솟았을 때 스티브 클락은 세상을 떠났다. 그는 알코올로 인한 호흡 정지 상태로 자신의 아파트에서 발견되었다. 겨우 31살의 나이였다.

그 뒤의 스토리가 궁금하다고?
아까 말하지 않았는가. 록은 죽지 않는다고.
남은 멤버들은 슬픔을 딛고 새 멤버를 영입했다. 관록의 록그룹 Dio

Def Leppard

와 White Snake를 거친 비비안 캠블이 스티브 클락을 대신했다. 그는 필 콜린을 능가하는 테크니션이었는데 실제로 그를 영입한 이후 데프 레파드의 기타사운드는 강력한 트윈 솔로 시스템으로 화력이 배가되었다.

 그런데 나는 두터워진 데프 레파드의 기타 사운드가 싫었다. 대신 그리웠다. 화려한 테크닉은 보여 주지 못했지만 깔끔한 리프를 연주하던 스티브 클락의 플레이가. 땀에 젖은 금발 머리칼을 흩날리며 무대를 뛰어다니던 셰필드의 표범이 보고 싶었다.

나뿐만이 아니다. 데프 레파드의 골수팬들 중에는 지나치게 화려해진 요즘의 기타사운드보다 어딘가 허전한 듯 여백이 있는 스티브 클락 시절의 기타 사운드가 데프 레파드의 음악에 더 잘 어울린다고 하는 이들이 많다.

부디 하늘에서는 부담을 털어내고 즐겁게 기타를 연주하기를.

Rest in Peace, Steve.

이PD의 Def Leppard 추천곡

Pour Some Sugar on Me / 말해 뭐해. 데프레파드의 시그니쳐 송. 드러머 릭 앨런의 사고 이후 바뀐 그들의 음악적 노선을 정확하게 보여주는 노래다. 우리의 사랑에 설탕을 듬뿍! 쾌락 지상주의 가사가 고출력 헤비메탈 사운드에 실려 듣는 사람을 흥분시킨다.

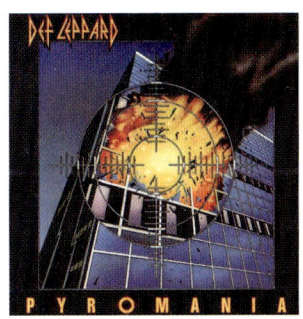

Rock Rock (till You Drop) / 3집 앨범 Pyromania의 첫 곡.
릭 앨런의 사고 이전 밴드의 음악적 지향점, 앨범 전체를 관통하는 분위기를 알 수 있는 곡이다. 풍부한 멜로디와 박력 있는 연주의 결합. 릭 앨런의 물오른 드럼 실력을 여실히 보여주는 노래이기도 하다.
솔직히 1,2집에서는 멤버들 모두가 너무 어렸다. 이 앨범에선 젊은 혈기와 적당한 경력이 절묘하게 어우러졌다. 1983년에 발매된 앨범이니까 거의 30년 전 음악인데 지금 들어도 엄지손가락이 번쩍 들리는 수작이다.

Miss You in a Heartbeat / 기타리스트 스티브 클락이 죽은 뒤에, 유작과

미발표곡 모음 성격으로 나온 앨범 Retroactive에 실린 록 발라드다.
데프 레파드는 아름다운 록발라드도 많이 남겼다. Two Steps Behind, When Love and Hate Collide, Have You Ever Needed Someone So Bad, 그리고 빌보드 차트 1위를 차지한 Love Bites까지. 나는 그들의 발라드 중에 이 노래가 제일 좋다. 제목도 참 이쁘기도 하지.
그래. 그리움이란 그런 거다. 머리가 아니라 심장이 울리는 감정.

Promises / 1999년에 발표된 앨범 〈Euphoria〉에서 인기를 얻었던 노래

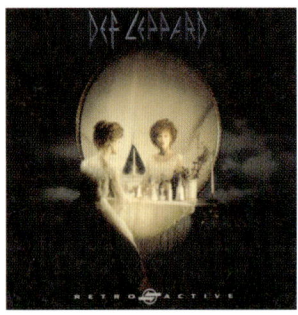 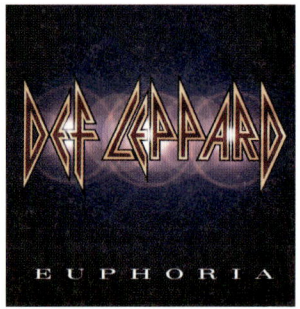

타임머신을 탄 듯 정말 놀라울 만큼 전성기의 느낌으로 돌아갔다. 〈Hysteria〉 앨범에 슬쩍 끼워놔도 못 알아챌 만큼.

20th Century Boy / 글램록의 전설이자, 내가 무척이나 좋아하는 T-rex의 노래를 리메이크했다. 2006년에 발표한 앨범 〈Yeah!〉에 실려 있는데 앨범 전체를 Rock 고전들을 리메이크한 노래들로 채웠다.

Def Leppard

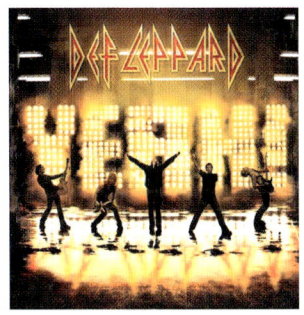

셰필드의 표범들은 지금도 Rock의 정글을 누비고 있다. 첫 앨범을 발매한 뒤부터만 따져도 30년이 훨씬 넘었다. 당연한 얘기지만, 30년 넘도록 해체 없이 현역 활동을 하는 헤비메탈 밴드는 열 손가락에 꼽기 힘들 만큼 드물다. 헤비메탈의 대명사처럼 여겨지는 Metallica도 아직 첫 앨범을 낸 지 30년이 안 되었으니까.
형님들! 앞으로 딱 10년만 더 갑시다.

이PD의 Def Leppard 번외편

Love Story – Def Leppard & Taylor Swift

이 테일러 스위프트가 그 테일러 스위프트냐고? 그렇다. 20살 나이에 빌보드 차트를 휩쓸어 버린, 21세기 팝의 요정으로 불리는 바로 그 테일러 스위프트다.

2009년 CMT 뮤직어워드에서 데프 레파드와 테일러 스위프트가 합동 공연을 펼쳤다. 경력도 나이도 30년 차이가 나는 두 아티스트는 마치 오랫동안 같이 활동한 것처럼 각자의 노래를 함께 부르며 팬들에게 놀라운 경험을 안겨주었다. 우리나라로 치면 아이유와 송골매가 합동 공연을 한 격이다. 아이유가 '어쩌다 마주친 그대' 와 '세상만사' 를 부르고, 배철수 형님이 '좋은날' 과 '마시멜로우' 를 부른 셈인데...... 헐.

Bringin' on the Heartbreak - Mariah Carey

앞에서 데프 레파드가 남긴 아름다운 발라드 몇 곡을 이야기했는데 그들의 2집 앨범에 실린 또 다른 러브송을 머라이어 캐리가 다시 불렀다. 그녀는 정규 앨범에 이 노래를 실었을 뿐 아니라 싱글로까지 발매했다.

원곡은 겨우 스무 살이 갓 넘은 청년들이 있는 힘을 다해 연주한 록음악이고 리메이크 버전은 디바의 원조 머라이어 여사님께서 여유 있게 불러주신 버전 되시겠다.

Song and Emotion - Tesla

너무나도 미국적인 헤비메탈 밴드 테슬라(Tesla)의 3집 앨범 〈Psychotic Supper〉에 실린 노래다. 테슬라의 앨범 중 최고로 꼽히는 수작인데, 이 노래는 데프 레파드의 스티브 클락에게 바치는 추모곡이다.
  추모의 의미를 제하더라도 노래 자체로 무척 좋다. 노래 중간에 스티브 클락이 평소 즐겨 연주하던 스타일의 기타 리프를 테슬라의 기타리스트 프랭크 해논과

타미 스키오치가 그대로 흉내 내서 연주하는 파트가 나오는데, 몹시 뭉클함.

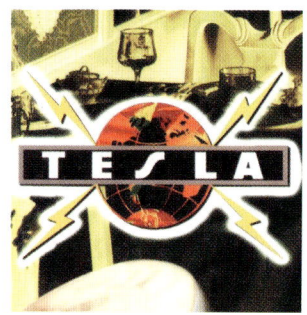

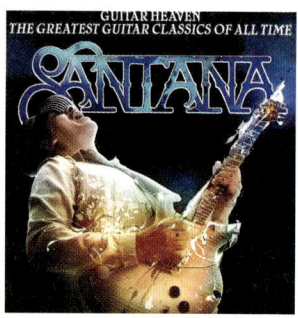

Photograph – Santana & Chris Daughtry

데프 레파드보다 한참 선배인 멕시코 출신 기타리스트 카를로스 산타나 옹(47년생이십니다)께서 작년에 새 앨범을 발표했다. 그 이름도 거창한 'Guitar Heaven'. 역시 거창한 부제가 붙어 있다.
'The Greatest Guitar Classic of All Time'.
 부제목처럼 시대와 연령에 상관없이 기타 연주가 멋졌던 노래들을 산타나가 다시 연주했다. 노래마다 다른 객원 보컬을 불렀는데 요즘 잘나가는 가수들을 참 많이도 데려다 썼다. 그중에서 도트리의 보컬 크리스 도트리와 함께 데프 레파드의 Photograph를 재해석했다.

Def Leppard

/ 방탕의 미학

건즈 앤 로지즈(Guns N' Roses, 이하 건즈)만큼 음악과 실제 생활 모두 화끈했던 록밴드도 드물다.
밴드의 활동 기간만 해도 그렇다. 소위 전설의 반열에 오른 형님들이기에 오랫동안 활동했다고 생각하는 이들이 많다. 그러나 실상 그들이 정식으로 활동한 기간은 얼마 안 된다. 1987년에 데뷔 앨범을 내고 1993년에 리메이크 앨범을 낸 뒤 사실상 밴드가 와해되었으니, 정상적으로 활동한 기간은 6년 남짓이다.
앨범도 정규 앨범으로 치자면 딱 세 장 뿐이다. 1집인 〈Appetite for Destruction〉, 〈Use Your Illusion I〉, 〈Use Your Illusion II〉. 그 외에 8곡짜리 미니 앨범 〈Lies〉, 리메이크 앨범 〈Spaghetti Incident〉, 그리고 라이브와 베스트 앨범이 있다.

건즈와 비슷한 시기에 활동했고 같은 급(?)으로 인정받는 팀들과 비교해보자면 건즈가 얼마나 '짧고 굵은' 커리어를 갖고 있는지 쉽게 보인다. 앞에서 소개한 데프레파드의 경우 무려 30년이 넘게 활동하면서 정규 앨범만 10장 넘게 발표했다. 본조비나 머틀리 크루도 마찬가지.

건즈의 활동 기간 6년은 나의 중고등학교 6년과 정확하게 겹쳐진다. 형님들과의 첫 만남을 아직도 생생하게 기억한다.

중학교 1학년 중간고사가 끝난 날이었다. 학교 옆 구반포 상가에 있던 〈예림 레코드〉를 찾았다. 아직 CD가 대중화되기 전이라 레코드 가게에 가면 LP판이 양쪽 벽에 빽빽했다. 새로 나온 앨범이나 가게 주인이 추천하는 앨범이 가게 곳곳에 걸려 있곤 했는데, 그날은 건즈의 데뷔 앨범이 카운터 앞에 떡 하니 걸려 있었다.

〈Appetite for Destruction〉. 우리말로 풀이하면 파괴에 식욕을

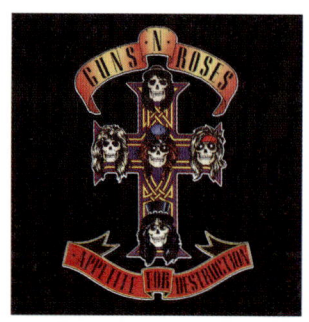

Guns N' Roses

느낀다는 뜻인데 재킷 디자인부터가 갖고 싶은 욕구를 자극했다. 주인아저씨에게 문의했더니 맥 빠지는 대답이 돌아왔다.

"이건 못 사. 수입반이라서 2만 원이야."

학생 버스비가 100원이었던 1988년 당시 물가를 생각해보면 중학교 1학년생에게 2만 원이 얼마나 큰돈이었는지 짐작이 가리라.

나는 국내 라이선스로 나온 2천 원짜리 테이프를 집어 들었다. 아저씨는 약 올리는 말을 잊지 않았다.

"라이선스는 세 곡이나 잘렸더라. 어떻게 그렇게 제일 좋은 노래들만 골라 자르는지 신기하단 말이야."

들어보기도 전에 초치는 말을 애써 무시하고 테이프를 사서 나왔다. 당시 반포와 청담동을 잇던 571번 시내버스에 몸을 실었다. 초등학교 졸업 선물로 외삼촌에게 받은 금성사(LG전자의 옛날 이름) 마이마이 카세트에 테이프를 넣고 플레이 버튼을 눌렀다.

신경질적인 기타 리프가 귀를 긁었다. 앨범의 첫 번째 트랙 Welcome to the Jungle.

쌀 뻔했다. 저속하지만, 정말 그 표현밖에 떠오르지 않는다. 전에도 후에도 그토록 섹시한 기타 인트로는 들어본 적이 없다. 정신을 차릴 새도 없이, 그간 내가 들었던 헤비메탈 보컬리스트들과는 아예 궤를 달리하는 신경질적인 보컬이 등장했다.

불경스럽도다. 이제 막 제대로 영어를 배우던 꼬마가 노래 가사를 다 이해했을 리 만무하지만, 나는 목소리만 듣고도 의미를 전달받았다. 섹스, 알코올, 마약, 폭력, 난동.
가사를 해석할 만큼 영어 실력이 생긴 후에 내 느낌이 정확히 맞았음을 확인했다.

〈Appetite for Destruction〉은 여러모로 Def Leppard의 〈Hysteria〉 앨범과 비교된다. 발매 시기도 비슷하다. 이후 2년 동안 앞서거니 뒤서거니 하면서 앨범 차트 10위권에 머물렀고, 미국 내에서만 각각 1500만 장의 판매량을 거두며 가장 많이 팔린 헤비메탈 앨범으로 나란히 기록되었다. 앨범에서 나온 싱글들이 빌보드 차트 1위를 비롯해 10위권에 진입하는 히트를 기록한 점도 비슷하다.
다른 점은, 건즈의 경우 이 앨범이 데뷔 앨범이었다는 것이다. 록 팬들은 물론이고 팝 평론가들도 이 앨범을 헤비메탈 역사상 최고의 데뷔앨범으로 꼽는다. 물론 나도 그렇다. 장르가 조금 다르긴 하지만 Linkin' Park의 〈Hybrid Theory〉와 함께.
그렇다면 이렇게 대단한 데뷔 앨범을 만들어낸 사람들의 출신이 궁금해진다. 건즈의 오리지널 멤버들은 반건달이 득실거리는 헤비메탈 씬에서도 가장 뼛속까지 불량스러운 인간들이라 하겠다. 그들은

Guns N' Roses

데뷔하기 전까지 포르노 극장, 술집 등에서 일했으며 기타리스트 슬래쉬(Slash)와 드러머 스티븐 애들러(Steven Adler)는 고교 중퇴생 친구들이었다. 보컬 액슬 로즈(Axl Rose)는 폭행과 알코올, 마약과 관련한 각종 전과를 주렁주렁 달고 있을 정도로 똘끼 충만한 사고뭉치였다. 철저하게 밑바닥 생활을 하던 멤버들의 경험은 데뷔앨범 〈Appetite for Destruction〉에 고스란히 묻어난다. 단적인 예로, 앨범의 마지막 곡 'Rocket Queen' 중간에 여자의 교성이 효과음으로 삽입되어 있는데 이 소리는 보컬 액슬 로즈가 친하게 지내던 '아드리아니' 라는 이름의 스트리퍼와 녹음실에서 실제 성행위를 하면서 담았다고 한다. 어쩐지 실감 나더라.

또 내가 가장 좋아하는 건즈의 노래이기도 한 'Nightrain' 은 멤버들이 매일 같이 마시던 위스키의 이름이다.

요렇게 생겼다. 우리나라에서는 현물은커녕 사진도 몹시 구하기 힘든데, 독일 생활 오래 하신 출판사 대표님께서 사진을 찾아 보내주셨음. ㅋㅋ

-비 내리는 밤에 밤기차를 타고 나이트레인(Nightrain)을 마시자!
다 때려 부수고 태워버릴 준비가 되었어. 이제 지긋지긋한 슬럼을 떠
날 거야.

My Michelle의 가사는 또 어떤가? 노래는 이렇게 시작한다.
Your daddy works in porno. Now that mommy's not around.
She used to love her heroin, but now she's underground.
아빠는 포르노 제작자, 엄마는 헤로인 중독자로 살다 자살하고 본인
역시 마약에 절어 살던, 멤버들의 친구 미셸의 삶을 그냥 노래에 담
았다. 다른 노래들도 질감이 비슷비슷하다. 도덕 따위는 개나 주라지. 이
토록 방탕하고 불온한 밴드는 록 역사상 비교할 예가 별로 없다. 노
골적으로 마약을 찬양한 60, 70년대 사이키델릭 록음악이 있으나 그
조차도 사랑과 평화를 함께 노래하지 않았는가? 건즈는 정말 옹골차
게 질 나쁜 형아들이었다. 그래서인지, 방탕함으로 2등 가라면 서러
운 LA 양아치계의 대부 머틀리 크루(Motley Crue)와 종종 비교된다.

경력으로 치자면 머틀리 크루가 몇 년 더 선배인 셈인데 두 밴드
가 심각하게 부딪힌 일도 있었다. 건즈의 세컨드 기타리스트 이지

Guns N' Roses

머틀리 크루!
저 아리따운 메이크업과 메탈 체인들을 보라. 찢어진 망사 의상은 또 어떻고?

스트래들린(Izzy Stradlin)이 머틀리 크루의 보컬리스트 빈스 닐(Vince Neil)의 여자친구를 대놓고 희롱하다 생긴 사건이었다. 그 후 빈스 닐과 액슬로즈는 총까지 들이대고 싸우다 체포되기도 했다.

두 밴드는 분명히 다르다. 머틀리 크루의 모토를 '즐겁게 놀자'라고 한다면, 건즈의 모토는 '내 멋대로 살겠다.'랄까. 머틀리 크루의 음악이 파티를 기반으로 한다면 건즈의 음악은 거친 밑바닥 삶을 자양분으로 삼고 있다.

내용뿐 아니라 음악적인 면에서도 다르다. 머틀리 크루가 그 당시 유행하던 LA 메탈의 표본이었다면 건즈의 음악은 헤비메탈이라기보다 1970년대 하드록, 펑크 음악을 메탈 사운드로 재해석했다고 보는 편이 맞겠다. 건즈가 롤링스톤즈와 에어로스미스, 그리고 수많은 펑크 그룹들의 고전을 리메이크한 사실은 이를 반증한다.

건즈를 처음 접한 나는 12곡이 실린 원래 앨범에서 3곡이 금지곡으로 묶여 9곡밖에 없는 테이프를 늘어지도록 반복해서 들었다. 자꾸 예림 레코드 주인아저씨의 말이 떠올랐다.
−라이선스는 세 곡이나 잘렸더라. 어떻게 그렇게 제일 좋은 노래들만 골라 자르는지 신기하단 말이야.
9곡이 든 테이프도 들을 때마다 쌀 거 같은데, 잘린 노래들이 더 좋다면 어떤 노래들일까?
결국 엄마 화장대에서 돈을 슬쩍했다. 에라 모르겠다는 심정이었다. 다음날 학교가 끝나는 대로 예림레코드로 달려갔다. 주인아저씨에게 보란 듯 돈을 내밀고 2만 원짜리 오리지널 LP를 받아들었다.
집에 갈 때까지 기다리지 못하고 버스 안에서 두근거리는 심정으로 레코드를 풀었다. 아! 14살 꼬마는 단박에 알았다. 앨범 재킷만으로도 2만 원의 가치가 충분히 있다는 것을. 재킷 안에는 레코드판을 감싸고

Guns N' Roses

있던 속 재킷이 한 꺼풀 더 있었는데 거기 그려진 그림이 쇼킹했다. 원래 액슬로즈가 우연히 갖고 있던 엽서에 있던 그림이라고 하는데 기계 문명이 언젠가 인간을 공격하리라는 심오한 메시지를 담고 있다고 한다. 당시에는 그런 메시지는 몰랐다. 다만 로봇이 여자를 강간하는 충격적인 내용과 살바도르 달리의 초현실주의 그림 같은 화풍에 눈을 빼앗겼던 기억이 난다. 지금 봐도 눈을 사로잡는 그림임은 분명하다.

내가 처음 산 레코드가 데프레파드의 〈Hysteria〉였다면 〈Appetite for Destruction〉 앨범은 첫 수입반이었다. 지금도 두 장의 재킷이 작업실 한쪽 벽에 명화 액자처럼 나란히 걸려 있다.

건즈는 기세를 몰아 바로 이듬해 미발표곡과 어쿠스틱 버전의 노래들을 섞어 만든 미니 앨범을 팬 서비스 차원으로 발표했다. 그리고 내가 고등학교 1학년이었던 1991년, 두 장의 앨범 〈Use Your Illusion I〉, 〈Use Your Illusion II〉를 한꺼번에 발표했다. 나는 앨범이 풀리자마자 학교 앞 코끼리 상가에 있는 상아레코드에서 두 장을 한꺼번에 구입했다. 이번에는 돈을 훔치지 않고 미리 모아 놓은 용돈으로.

두 장 모두 CD 수록시간을 꽉 채운 대작이다. 합쳐서 30곡. 그야말로 미친 창작열을 불태웠다 하겠다. 대충 만든 곡은 한 곡도 없다. 완성도 99%의 하드록 명반에 시장의 반응도 뜨거웠다. 각각 400만 장이 넘는 판매량을 올리며 앨범 차트 1, 2위를 나란히 차지했다.

데뷔 앨범이 아메리칸 하드록의 재림이었다면 〈Use Your Illusion〉 시리즈는 하드록 밴드가 보여줄 수 있는 음악적인 스펙트럼을 최대한 펼친 앨범이었다. 데뷔 시절 못 말리는 혈기를 고스란히 이어받은 노래부터 눈물겨운 발라드, 그리고 레드제플린이나 핑크 플로이드 같은 거장들이나 시도했던 러닝타임 8, 9분을 넘나드는 대작들까지.

중학교 3년 내내 건즈의 데뷔 앨범을 끼고 살았다면 고등학교 3년 내내 가장 많이 들었던 앨범은 단연코 〈Use Your Illusion〉 앨범이다. 공부와 헤비메탈밖에 모르던 범생이었던 중학교 때와 달리 고등학생으로서 나는 위태롭기 짝이 없었다. 건즈 형님들의 방탕한 음악을 너무 많이 들어서였는지도 모르겠다. 기억을 더듬어보면 정말 그랬는지도 모르겠다.

담배를 배울 때도 기타리스트 슬래쉬(Slash)의 모습을 떠올렸다. 그는 항상 담배를 입에 문 채 기타를 연주하기로 유명했다. 삐딱하게 서서 깁슨 레스폴로 화끈한 리프를 쏟아내며 담배 꼬나문 모습이 얼마나 멋있었던지.

Guns N' Roses

 여자친구와 키스를 나눌 때면 Sweet Child O'Mine의 청명한 멜로디가 귀에 울렸다. 폰팅(이건 70년대 생들만 알 텐데. 혹시 걸거나 받아보셨나? 다짜고짜 '저랑 폰팅하실래요?' 로 시작하는 전화)으로 만난 서울예고 누나들과 카페 〈채플린〉 구석에서 학생들이 하지 말아야 할 짓들을 할 때면 마치 LA의 난봉꾼 액슬로즈의 어린 시절을 흉내 내는 기분이었다.
 그러다 사고가 터졌다. 어른이 되어서 내가 저지른 대부분의 사고가 그랬듯, 술과 여자가 결합한 전형적인 콜라보레이션.

 고등학교 3학년에 막 올라간 1993년 초였다. 학창 시절을 통틀어 가장 성적이 떨어졌던 때로 기억한다. 그때는 보통 수업 끝나고 밤늦게까지 학교 자율학습실에서 공부했다. 나는 가방만 자율학습실에 던져놓고 공부에는 전혀 미련 없는 친구들과 어울려 학교 앞 압구정 골목을 쏘다니기 일쑤였다. 당시 폭풍 유행하던 게스블랙진을 입고 살렘 라이트 담배를 물고 건즈 형님들의 노래를 흥얼거리면서.

술도 종종 마셨다. 내 나름의 원칙도 있었다. 술 냄새가 너무 많이 나면 밤늦게 집에 들어갔을 때 가끔 마주치는 엄마에게 들킬 수도 있었기 때문이었다. 그래서 주량과 시간을 정해놓고 마셨다. 술은 레몬 소주로 열 잔까지. 그리고 저녁 여덟 시 이후에는 안 마시는 것을 원칙으로 했다. 그 정도면 저녁 내내 알딸딸한 상태로 아이들과 어울리다가 자정쯤 집에 들어갈 때면 대충 술이 깼다.

꼬치전문점 투다리에서 레몬 소주를 마실 때면 항상 건즈 형님들의 알코올 예찬가 〈Nightrain〉을 떠올렸다. 공부가 다 뭔가. 청춘은 이토록 달콤하고 아슬아슬하고 불끈불끈 한데. 마시자.

그날도 그랬다. 같은 학교 친구였던 최 모, 장 모 군과 어느 학교 학생인지 기억 안 나는 여학생 두 명과 같이 투다리에서 레몬 소주를 마시며 놀았다. 저녁 여덟 시가 가까워졌고 술집을 나가기 전에 마지막으로 화장실에 다녀왔다. 그리고 속도 풀 겸 어묵 국물을 쭉 마셨는데 맛이 이상했다. 친구들이 깔깔대고 웃었다. 놈들이 장난으로 국물에 소주를 부어 놓은 것이었다. 두세 잔 이상 생소주를 마신 것

Guns N' Roses

같았다.

투다리에서 나와 학교 앞 서당노래방에 가서 놀았다. 살짝 넘어버린 술은 또 술을 불렀다. 노래방에서 맥주를 더 마셨다. 나는 건즈 앤 로지즈의 〈Welcome to the Jungle〉을 목청껏 부르며 액슬 형님과 영혼의 크로스를 했다. 좆까 대학수능시험! 나도, 친구들도 넘지 말아야 할 선을 넘어버렸다. 우리는 만취했다.

친구들과 함께 비틀거리며 학교에 돌아왔다. 밤 11시쯤이었는데, 하필이면 우연히 자율학습실 순시를 하러 온 송 모 교장 선생님과 복도 한가운데서 딱 마주쳤다. 우리 셋은 알코올의 영향으로 멍청한 판단을 했다. 바로 학교 밖으로 튀었어야 하는데 엉뚱하게 자율학습실로 달려갔다. 다른 학생들 틈에 섞여 있으면 찾아내지 못할 거라고 생각했나? 바보들.

결국 우리는 귀를 잡혀 끌려나왔다. 착실하게 자율학습을 하던 학생들이 불구경하듯 지켜보는 가운데, 교장 선생님은 우리 셋을 데리고 교장실에 들어왔다. 그리고 내가 교장 선생님이었다 해도 당연히 했을 일을 했다. 만취한 상태에서 당한 무차별 구타 때문이었을까? 아니면 교장 새끼 엿이나 먹으라는 심정이었을까? 나는 교장실 책상과 소파에 오바이트를 하고 정신을 놓았다.

정신이 들었을 때는 우리 집 화장실이었다. 나는 바닥에 축 늘어져 있고 엄마가 울면서 내 몸을 씻고 있었다. 다시 한 번 미안해 엄마.
사건 다음날 학생부에서 우리가 받을 벌칙을 결정했다. 교문 옆 게시판에 우리의 악행과 처벌 내용을 공지했다. 아직도 문구를 어렴풋이 기억한다.
-위 학생들은 음주 후 난동으로 학생 본연의 신분을 저버렸을 뿐 아니라 학교의 명예에 오점을 남긴바 아래와 같이 처벌함. 유기정학 5일.

그날 밤 태어나서 처음으로 아빠에게 맞았다. 정학 기간 동안 엄마는 밤낮으로 울었고 동생들은 겁에 질려 숨을 죽였다. 정학 처벌이 끝날 때까지 매일 학생부실로 등교해서 반성문을 쓰고 교무실 청소를 했는데 마주치는 선생들마다 우리를 때리고 저주했다.
-싹수 노란 놈들. 너희 같은 놈들은 아예 학교에서 잘라버려야 하는데.

특히 놀부라는 별명을 가진 국어 선생님의 불꽃 싸대기는 격투기에서도 먹힐 만한 파괴력을 지녔던 걸로 기억한다. 선생님, 너무 하셨어요.
안타깝게도 정학기간이 끝난 뒤에도 나는 정신을 차리지 못했다. 그러다 기적 같은 구원의 손길이 있었다. 그 이야기는 다음에.

Guns N' Roses

고등학교 내내 이어지던 방황이 끝을 맺던 시절, 건즈 앤 로지즈의 시대도 저물고 있었다. 너바나의 〈Nevermind〉 앨범이 촉발한 얼터네티브 열풍이 록계를 휩쓸었다. 헤비메탈도 하드록도 스래쉬 메틀(Thrash Metal)도 한물간 촌스러운 음악으로 치부되었다.

시대의 흐름 때문이었을까? 아니면 리더 액슬 로즈의 괴팍한 성격 때문이었을까? 건즈는 멤버 교체를 거듭했다.

이미 건즈는 〈Use Your Illusion〉 시리즈를 작업하기 전에 드러머 스티븐 애들러(Steven Adler)를 해고했다. 약물 중독이 이유였으나 다른 멤버들도 마약과 알코올 문제로부터 자유롭지 않았던 점을 생각하면 액슬과의 마찰이 진짜 이유였을 거다. 그리고 한창 세계 투어 중 핵심 멤버인 기타리스트 이지 스트래들린(Izzy Stradlin)이 액슬과의 불화를 이유로 팀을 떠났다. 그를 대신해 기타리스트 길비 클락(Gilby Clarke)을 맞이해 펑크록 고전을 리메이크한 앨범 〈Spaghetti Incident〉를 발표하지만 시장의 반응은 좋지 않았다.

내가 고등학교를 졸업할 무렵인 1994년은 그야말로 헤비메탈이 종말을 맞은 시점이었다. 너바나를 필두로 이른바 시애틀 3인방으로 불리는 앨리스 인 체인스(Alice in Chains), 펄잼(Pearl Jam), 사운드가든(Soundgarden) 세 밴드가 록계를 평정했다. 지금은 U2와 견줄 정도로 급이 커졌지만 라디오헤드(Radiohead) 정도가 Creep란 노래를 히트시키면서 슬쩍 명함을 내미는 정도였달까?

건즈도 시대의 흐름을 거스르지 못했다. 잇따른 멤버 탈퇴를 겪고 해체설에 시달리면서도 액슬 로즈는 건즈 앤 로지즈의 명맥을 이어 나갔지만 그 즈음부터는 활동 중단 상태로 보는 것이 맞겠다. 그리고 17년이라는 긴 세월이 흘렀다. 액슬 로즈가 전부 다른 멤버들을 영입해 건즈 앤 로지즈라는 이름으로 새 앨범을 냈다. 타이틀은 〈Chinese Democracy〉. 어떠냐고? 노코멘트.

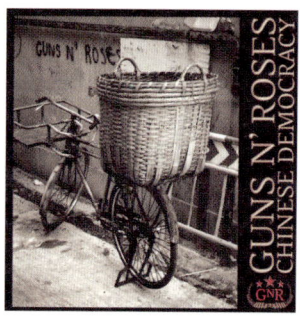

왜 저 사진을 표지로 썼을까? 담벼락에 적힌 그룹 이름 낙서 때문인가!?

Guns N' Roses

이PD의 Guns N' Roses 추천곡

Welcome to the Jungle / 첫 앨범의 첫 노래가 이토록 완벽할 수 있다니. 슬래쉬와 이지의 꿈틀거리는 트윈 기타 리프 위에 액슬로즈의 히스테릭한 보컬이 어우러진다. 다른 어떤 그룹의 노래와도 비교 불가한 건즈 형님들만의 방탕기운 충만 하드록. 아니, 어떻게 이런 노래를 만들었지? 요즘도 차에서 볼륨 높여놓고 들으면, 작살난다.

Sweet Child O'Mine / 록 역사상 가장 유명한 리프 중 하나임이 틀림없는 연주로 시작하는 새콤달콤 러브송. 그러나 노래가 마냥 예쁘지만은 않다. 중반 이후 기타솔로와 이어지는 후반부에서는 마치 사랑의 혼돈을 표현한 듯 블루지한 연주가 펼쳐지는데 데뷔 앨범을 낸 신인이라고 믿겨지지 않는 실력이다. 이 앨범의 엄청난 판매량을 견인한, 빌보드 싱글 차트 1위곡.

Nightrain / 개인적으로 제일 좋아하는 건즈의 트랙. 제목부터 멋지다. Night Rain도 아니고, Night Train도 아니고, Nightrain이라니. 요즘도 리퀘스트 바에서 세게 달리고 싶을 때 이 노래를 신청한다. 구성으로만 보면 조금 심심하다 싶고 연주도 썩 화려하지 않은데 그냥 좋다. 그나저나 Nightrain이라는 술은 언제 한번 마셔보려나? 요즘은 안 나오나? 혹시 누가 구해준다면 판매가의 다섯 배를 주고라도 구입하겠음.

Patience / 팬 서비스 차원에서 발매한 미니 앨범 〈Lies〉에 있는 어쿠스틱 발라드. 휘파람 소리로 시작하는 멜로디가 아름답기 그지없다. 무엇보다 기타 코드가 무척 쉬워서 몇 달만 연습하면 완벽하게 따라 칠 수 있다.

Don't Cry / 〈Use Your Illusion I〉에도 있고 〈Use Your Illusion II〉에도 실려 있는 애절한 러브송. 두 버전은 멜로디는 거의 똑같고 가사만 다르다. 그러고 보면 터프 종결자 건즈 형님들은 은근히 러브송도 많이 남겼다.

November Rain / 건즈 앤 로지즈를 모르는 사람들도 이 노래는 한번 쯤 들어본 사람이 많을 듯. 러브송이라고 일갈하기에는 러닝타임부터 곡의 구성이 너무 화려하다. 무려 9분 동안 피아노와 오케스트레이션, 여성 코러스까지 동원해 폭풍 같은 사랑의 감정을 노래한다. 제목도 잘 지었다. 노벰버 레인.

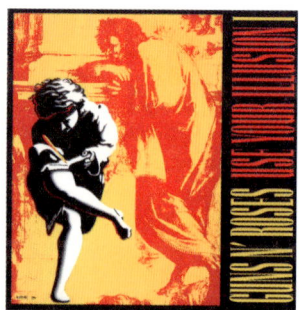 

Guns N' Roses

11월의 비라니. 나중에 예쁜 연애 소설 하나 써서 제목을 빌려 달아야겠다. 지금 보면 조금 촌스럽기도 한 뮤직비디오도 당시에 무척 유명했다.

Locomotive / 개인적으로는 Nightrain 다음으로 좋아하는 노래. 증기기관차라는 뜻의 제목답게 8분 넘는 러닝타임 내내 쭉쭉 달려간다. 후반부 끈적이는 연주와 노래는 정말 왜 이들이 전설로 남을 수밖에 없는지 알려준다.

14 Years / 비틀즈나 오아시스가 그랬던 것처럼 건즈 앤 로지스도 종종 보컬이 아닌 다른 파트 멤버가 노래를 부르기도 했다. 이 노래는 세컨드 기타리스트 이지 스트래들린(Izzy Stradlin)이 노래를 부른다. 왜? 자기 이야기니까. 앞에서 말한 것처럼 건즈의 멤버들은 (베이시스트 더프 맥케이건만 빼고) 다들 처절한 밑바닥 출신이었다. 보컬 액슬 로즈와 이지는 같은 빈민가의 친구 사이였고. 이 노래는 이지가 겪었던 빈민가 시절의 고통스러운 성장기를 가사에 담았다. 코러스 부분에서 액슬 로즈의 목소리가 고음으로 튀어나오는데 정말 친구 사이답게 환상의 호흡이다. 노래 내내 출렁거리는 피아노 연주도 일품.

You Could Be Mine / 내 어린 시절의 또 다른 성지(?)인 영화 터미네이터 시리즈를 빛내준 노래. 제임스 카메룬 감독의 〈터미네이터 II: 심판의 날〉에 정말 끝장나도록 멋지게 등장한다. 미래 세계를 구원할 존 코너(영화에서는 어린 소년으로 등장하는)가 친구와 함께 오토바이를 타고 달리는 장면에 흐르는데, 영화와 음악이 어떻게 시너지 효과를 내는지를 보여주는 교본이라 하겠다. 그 장면 뒤에, 가정부를 사랑한 아놀드 주지사님께서 샷건을 꺼내들고 쇼핑몰 복도를 걸어가는 씬이 나오는데, 샷건을 숨겼던 장미꽃 상자를 벗겨내면서 장미꽃이 땅에 떨어지고 장미꽃을 사뿐히 밟고 걸어가는 장면이 있다. 노래와 함께 Guns N' Roses의 그룹명을 영상으로 아로새긴 카메룬 아저씨의 천재적 솜씨에 박수!

Since I Don't Have You / 리메이크 앨범 《Spaghetti Incident》에 실린 곡. 앨범의 대부분이 70년대 펑크 그룹 노래로 채워졌는데 유독 이 노래는 피츠버그 출신의 혼성 팝그룹 Skyliners가 59년에 발표한 RNB 올드팝이다. 슬래쉬의 쫀득쫀득한 기타와 액슬의 보이스가 절묘하게 조화를 이루는 노래. 네가 없다면 꿈도 사랑도 희망도 없다는, 진부하지만 아름다운 가사도 음미해보시길.

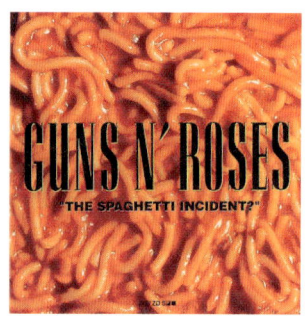

Guns N' Roses

이PD의 Guns N' Roses 번외편

Black or White - Michael Jackson

아니 마이클 잭슨이 건즈 앤 로지즈와 무슨 상관? 하는 사람이 있겠지. 이 노래의 기타 파트를 연주한 이가 바로 슬래쉬다. 사실 마이클 잭슨이 록 기타리

스트와 함께 작업한 건 이 노래가 처음이 아니다. 〈Thriller〉 앨범의 히트곡 Beat It에서 반 헤일런의 기타리스트 에디 반 헤일런이 트리키한 기타 플레이를 선보인 적 있다. 불량아 슬래쉬가 팝의 황제로부터 당대 최고의 기타리스트로 인정받은 증표랄까?

Sex Action - LA Guns

Q: Guns and Roses라는 그룹명은 누가 어떻게 만들었나요?
A: 메이저 데뷔를 하기 전, 서로 다른 로컬 밴드에서 활동하던 보컬리스트 액슬 로즈(Axl rose)와 기타리스트 트래시 건스(Tracii Guns)는 각각 자기 이름

에서 Rose와 Guns를 따서 Guns N' Roses란 이름을 탄생시켰다. 그때가 1985년.
당시 라인업은 Vocal에 액슬로즈 (Axl Rose), Lead guitar에 트레이시 건즈 (Tracii Guns), Rhythm Guitar에 이지 스트래들린 (Izzy Stradlin), Bass에 더프 맥케이건 (Duff McKagan), Drum에 롭 가드너(Rob Gardner).
 얼마 안 있어 액슬과 음악적 견해차를 보인 Tracii와 Rob이 그해 6월에 탈퇴하고 그 자리에 슬래시(Slash)와 스티븐 애들러(Steven adler)가 들어오면서 건즈 앤 로지즈의 오리지널 라인업이 갖춰졌다.
탈퇴한 트래시 건스는 원래 자신의 밴드인 LA Guns를 이끌었다. 건즈 앤 로지즈 만큼은 아니었지만 LA Guns도 꽤 인기를 얻었다. 개인적으로는 완전 좋아했던 밴드였음! 이 노래는 데뷔 앨범에 실린 노골적인 섹스 찬양가.

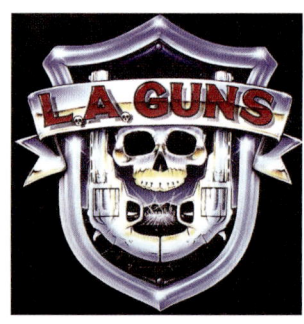

Do It for the Kids - Velvet Revolver

90년대 중반 이후 긴 휴지기가 이어지는 동안 건즈의 재결합을 기다린 건 팬들뿐만이 아니었다. 멤버들도 마찬가지였다. 문제는 똘끼 충만 액슬 로즈. 결국

Guns N' Roses

액슬 로즈와 화해하지 못한 나머지 멤버들은 보컬리스트만 따로 구해 밴드 활동을 하려고 했다. Skid Row의 꽃미남 보컬리스트 세바스찬 바흐를 포함해, 난다 긴다 하는 보컬리스트들이 오디션을 치렀다. 결국 낙점된 사람은 90년대 얼터네티브 록씬의 풍운아 Stone Temple Pilots의 보컬리스트 스캇 웨일랜드(Scott Weiland)였다.

총 이름인 리볼버가 들어가는 밴드명에서 알 수 있듯이 노골적으로 건즈 앤 로지즈의 적자임을 천명하고 나선 벨벳 리볼버는 첫 앨범을 내기 전부터 록팬들의 비상한 관심을 모았다. 2003년에 데뷔앨범 Contraband를 발매할 예정이었으나 레코딩 막바지에 보컬인 스캇이 약물소지 혐의로 체포되는 바람에 앨범은 2004년에 들어서야 세상을 보게 됐다. 이 작품은 빌보드차트 1위로 데뷔하는 폭발력을 지닌 걸작으로 탄생했다.

데뷔 앨범 뒷 재킷에 있는 멤버들 사진.
여전히 포스 넘칩니다.

Paradise City - Slash (feat. Cypress Hill & Fergie of Black Eyed Peas)

깁슨 레스폴 기타를 메고 서 있기만 해도 포스가 좔좔 흐르는 슬래쉬 형님이

2010년에 발표한 솔로 앨범에 실려 있다. 요즘 제일 잘 나가는 보컬리스트들이 앞장서서 노래를 불러주었다. 데뷔 앨범 〈Appetite for Destruction〉에 있는 Paradise City를 힙합의 전설 사이프러스 힐과 21세기 이후 팝 시장 최고의 베스트셀러 그룹 Black Eyed Peas의 보컬 퍼기와 함께 했다.

Guns N' Roses

/ 빽판의 추억

이런 명제는 어떨까?
보통의 여자들이 자동차에 별 관심이 없는 것처럼, 보통의 여자들은 록 음악을 좋아하지 않는다.
우리나라에 국한된 경향일지도 모른다. 내가 아는 외국인, 특히 백인 여자들은 대부분 록그룹에 열광했으니. 그러나 적어도 우리나라에는 록음악을 즐겨 듣는 여자가 드문 것이 사실이다. 자동차 튜닝 동호회 대부분 회원이 남자이듯 헤비메탈 동호회 회원들은 거의 다 남자다.
단순히 록음악만 해도 그런데, 그중에서도 스래쉬 메탈(Thrash Metal)이라고 구분되는 음악은 정말 남자들만의 전유물이라고 해도 과언이 아니다. 지금까지 스래쉬 메탈을 좋아한다는 여자는 내 첫사랑 외에 본 적이 없으니. Thrash Metal의 정의에 대해서는 의견이 분분하다. 위키백과의 설명을 인용해보면 대충 이런 내용이다.

Megadeth vs Metallica

'헤비메탈의 하위 장르로서 빠른 템포와 공격성을 특징으로 하는 음악. 대부분의 곡에서 반복되는 낮은 톤의 기타 리프가 쓰이며 사회 문제나 폭력적인 내용을 가사로 표현하는 게 보통이다.'
그리고 이런 부연 설명이 붙어 있다.

'Thrash Metal에서 이른바 BIG-4 밴드를 꼽자면 Metallica, Anthrax, Megadeth, Slayer가 있는데 이들은 1980년대 초반에 이 장르를 자연스럽게 만들고 발전시킨 밴드들이다.'
이번 챕터의 주인공은 Thrash Metal의 BIG-4 중 앙숙으로 유명했던 Megadeth와 Metallica다. Thrash Metal을 넘어서 헤비메탈 전체에서 가장 유명한 밴드인 Metallica보다 Megadeth를 앞에 내세운 이유는 따로 있다.

헤비메탈에 심취해있던 소년이 Thrash Metal에 빠져드는 일은 당연한 수순이었다. 앞에서도 말한 감각의 극치 때문이다. 점점 더 강렬한 사운드를 찾다가 스래쉬 메탈을 만났다.
〈전영혁의 FM 25시〉라는 심야 라디오 방송이 있었다. 새벽 한 시에 시작하는 이유로 '25시'라는 타이틀을 붙인 그 프로그램은 록음악의 불모지나 다름없던 80대 후반 우리나라에 순교자처럼 록의 복음을 전파하던 유일무이한 프로그램이었다. 록음악뿐 아니라 제3세계

Megadeth vs Metallica

음악도 무척 많이 소개해준, 대한민국 방송 역사상 몇 안 되는 순도 90% 이상의 음악 프로그램이었다.

내가 어쩌다 〈전영혁의 FM 25시〉를 알게 되었는지는 잘 모르겠다. 처음 들었던 때가 중학교 2학년이던 1989년인데 그즈음에는 나 혼자 음악을 듣던 시절이다. 누가 방송을 추천해줬을 리가 없으니, 아마 이리저리 라디오 주파수를 돌리다가 우연히 발견했던 듯하다.

말랑말랑한 팝 음악은 아예 안 나오고 디제이 멘트도 별로 없이 주구장창 록음악과 제3세계 음악만 틀어주는 프로그램은 '전영혁 매니아' 층을 만들었다. 나도 금방 열혈 청취자가 되어 공테이프에 방송을 녹음해가며 매일매일 청취했다.

책과 씨름하며 라디오에 귀를 기울이던 어느 날 새벽이었다. 전영혁 씨는 생전 화도 안 내고 웃지도 않을 것 같은 특유의 담담한 목소리로 노래 한 곡을 소개했다.

―미국의 메탈 밴드 테스타먼트(Testament)의 노래를 들어보겠습니다. 새 앨범 〈Practice What You Preach〉 중에서 타이틀 곡 Practice What You Preach입니다.

그 노래가 내가 들은 최초의 스래쉬 메탈이었다. 데프 레파드도 좋고 건즈 앤 로지즈도 좋았지만 좀 더 강렬한 뭔가를 갈구하던 나에게 단비

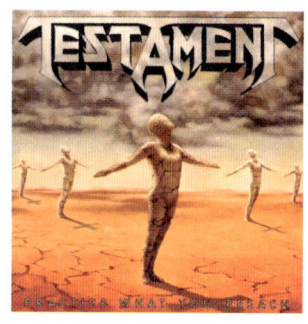

같은 느낌이었다. 끝없이 긁어대는 불협화음의 육중한 리프 위에 노래라기보다는 고함을 지른다는 표현이 더 어울리는 보컬, 그리고 살벌한 기타 솔로까지. 머틀리 크루로 대표되는 LA METAL의 흥겨운 멜로디는 없었다. 대신 비장함이 노래 전편에 흘렀다.

다음날 바로 그 음반을 사기 위해 예림 레코드를 찾았다. 주인아저씨는 맥 빠지는 소리를 했다.

-Thrash Metal은 라이선스로 잘 안 나와. 수입반을 사던가 아님 빽판을 사던가.

빽판. 조금 더 공식적인 용어로는 해적판이라고 한다. 아마도 불법으로 뒤에서 판다는 의미로 '빽'이라는 단어가 붙은 것 같다. 정식으로 가수와 작곡가에게 로열티를 지불하고 제작하는 라이선스 레코드와 달리, 음지에 숨어 있는 공급자들이 불법으로 유통하는 음반이었다.

Megadeth vs Metallica

당시 라이선스 레코드가 3천 원 안팎이었는데 해적판은 1,000원 안팎. 열악한 시설로 찍어내기 때문이었는지 음질이 엉망이었다. LP판 특유의 듣기 좋은 잡음이 아닌, 지글거리는 마찰음이 듣는 내내 귀에 거슬렸다. 역시 조악한 화질로 복사한 재킷은 앞쪽만 컬러, 뒤쪽은 흑백이었다. 그리고 뺵판 특유의 냄새가 났다. 싸구려 기름 냄새 같은?

물론 정식 수입 레코드를 사면 최고였지만 당시 돈으로 장당 만 오천 원-이만 원에 달하는 앨범을 매번 살 수는 없었다. 공륜심의에 걸려 한두 곡씩 금지곡으로 묶인 라이선스를 사느니 음질과 재킷을 포기하더라도 해적판을 사는 편이 나을 때도 있었다.

게다가 스래쉬 메탈은 선택의 여지가 없기도 했다. 일반적인 하드록이나 LA METAL은 한두 곡 잘리더라도 라이선스로 나오기라도 했지, 워낙 사회비판적인 가사와 노골적인 폭력성을 앞세운 스래쉬 메탈은 아예 라이선스로 발매되지 않았다.

뺵판 가게들은 청계천 일대에 많았는데 뺵판을 사러 갔다가 엉뚱한 신세계에 눈을 뜨기도 했다.

-학생 좋은 거 있는데 보구 가.

팔짱을 끼고 실실 웃는 아줌마를 따라가 보면 철물점이나 공구 가게 구석에 사춘기 소년의 호르몬 분비를 촉진하는 물건들이 있었다.

플레이보이나 펜트하우스 같은 미국 잡지부터 이름 없는 작가가 그린 조잡한 외설만화, 갖고 있는 것만으로도 반에서 권력자가 되는 포르노 비디오테이프까지. 망설이는 소년에게 아줌마는 살색 가득한 사진을 쓱 보여주며 가격을 말해주곤 했다.

-책은 천 원, 잡지는 이천 원, 테이프는 오천 원이야.

'빨간책'이라고 부르던 음란서적과 VHS 테이프를 몇 번 구매했던 기억도 난다. 친구들과 서로 갖고 있던 빨간책을 교환해서 보기도 했다. 엄마 몰래 비디오를 보다가 테이프가 카트리지 안에서 씹혀서 안 빠지기라도 하면 정말 하늘이 노래지던 기억이 난다. 요즘 애들이 보는 인터넷 야동에 비하면 청소년 권장 도서 수준이었는데도 그때는 왜 그렇게 침이 꼴딱꼴딱 넘어갔는지.

음란물의 유혹에도 불구하고 청계천은 너무 멀어서 자주 들르지는 못했다. 학교를 마치고 집에 오는 길에 강남 고속터미널 지하에 있던 '산울림 레코드'와 압구정 미성아파트 상가의 '석기시대 소리방'을 자주 찾았다. 둘 다 겉으로는 합법적인 음반 가게였지만 카운터 뒤쪽의 비닐을 걷어내면 빽판이 잔뜩 있었다.

지금도 궁금하다. 아무 정보도 없었던 내가 강남 한복판에서 (당시에는 레코드 가게가 정말 많았다.) 어떻게 빽판 가게를 찾아냈을까? 목마른 사슴이 우물을 찾듯이? 마약중독자가 어떻게든 약장수를

Megadeth vs Metallica

찾아내듯이? 하여튼 나는 단골이 되어 원하는 빽판을 주문해서 사는 단계에 이르렀다.

 중학교 시절 내가 제일 좋아하던 Thrash Metal 밴드는 Overkill과 Testament였다. 물론 빽판으로 그들의 음악을 접했다. 그중에서 제일 인상적이었던 앨범은 Overkill의 미니 앨범 〈Fuck You〉.

 단순 명쾌한 제목과 마찬가지로 노래도 초 단순 가사로 일관한다. 재킷 커버까지 가운뎃손가락을 큼직하게 클로즈업 한 사진이었다. Fuck You 삼위일체라고나 할까?

 Overkill과 Testament 외에도 수많은 Thrash Metal 그룹의 앨범을 빽판으로 구입했다. 요즘은 소위 '쌍팔년도 스래쉬'(실제로 네이버에 '쌍팔년도 스래쉬'라고 검색하면 나온다.)로 불리는 Exodus,

Floatsam & Jetsam, Annihilator, Metal Church, Death Angel, Laaz Rockit, Nuclear Assault 같은 밴드들은 물론이고 Death Metal의 효시격인 Sepultura, Obituary, Possessed, Deicide도 많이 들었다. 독일에도 Thrash/Speed Metal이 대유행이었는데 나는 Helloween, Rage, Kreator, Destruction, Sodom 같은 밴드의 음악에 탐닉했다. 특히 Sodom이라는 밴드의 야만성을 너무나도 사랑했다.

그러나 역시 명불허전. Big 4를 빼면 Thrash Metal을 이야기할 수 없다. 지금도 내가 존경해 마지않는 Slayer 형님들을 비롯해 Anthrax, Megadeth, Metallica.

이 네 밴드는 작년에 헤비메탈 역사상 최고의 공연 중 하나로 남게 될 빅 이벤트를 펼쳤다. 그리고 공연 실황을 Big4 Live라는, 자신만만한 타이틀의 CD와 DVD로 발매했다. 장소는 불가리아의 수도인 소피아.

Big 4공연은 단순히 80년대 최고의 Thrash Metal 밴드 4팀이 모였다는 사실 외에 또 다른 의미를 지닌다. Metallica와 Megadeth의 화해가 이루어진 자리였다. 이건 또 무슨 얘기냐고?

Metallica는 누가 뭐래도 가장 유명한 헤비메탈 그룹이다. 1억 장에

Megadeth vs Metallica

근접하는 누적 앨범 판매량이 말해주듯, 헤비메탈 하면 생각나는 그룹을 말하라면 가장 많은 이들이 꼽는 그룹이 메탈리카다. 워낙 잘 알려진 그룹이기에 자세한 설명은 안 하겠다. 포털사이트를 참조하시라. 다만 메가데스와의 관계를 설명하려면 메탈리카의 초기 역사에 대해서는 언급하는 게 좋겠다.

메탈리카의 첫 기록은 1981년으로 거슬러 올라간다. 유년시절 테니스 선수였던 라스 울리히(Lars Ulrich)는 Diamond Head, Iron Maiden 등의 밴드 공연을 보면서 드럼 뮤지션이 되기로 결심하고 캘리포니아에 이주한 뒤 밴드를 만들었다. 기타리스트로 제임스 헷필드(James Hetfield)와 데이브 머스테인(Dave Mustaine), 베이스에는 클리프 버튼(Cliff Burton), 그리고 드럼에는 리더인 라스 울리히.

그렇게 진용을 짠 메탈리카는 1982년 마이너 레이블인 'Megaforce'에서 No Life 'til Leather라는 데모 테이프를 제작하고 클럽에서의 첫 단독 라이브도 치렀다. 그리고 데뷔 앨범 준비에 들어갔다. 그런데 기타리스트 데이브의 알코올과 마약 중독이 걸림돌이었다. 게다가 데이브는 워낙 난폭한 성격이어서 폭행 시비가 끊이지 않았다.

결국 밴드는 데이브를 내보내기로 결정했다. 이미 같은 스래쉬 메탈 그룹 엑소더스(Exodus)의 기타리스트 커크 해밋(Kirk Hammett)을 비밀리에 새 멤버로 내정한 채로.

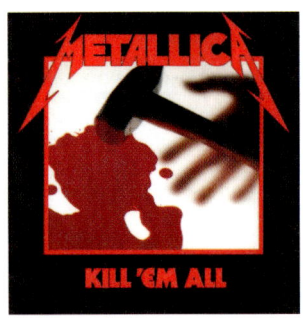

스래쉬 메탈 시대의 시작을 알린 메탈리카의 데뷔앨범. 타이틀 봐라. 다 죽이란다.

데이브의 상실감은 대단했다. 그는 메탈리카가 자신의 뒤통수를 쳤다며 노골적으로 분노를 표시했다. 이를 갈던 데이브는 메탈리카에 대항하기 위한 자신의 그룹을 조직했는데 그 밴드가 바로 메가데스(Megadeth)다.

메가데스는 증오의 유전자를 가진 그룹답게 바짝 날이 서 있는 음악을 선보였다. 메탈리카에 뒤지지 않으려고 독기를 품어서인지 데뷔앨범을 발표한 뒤 겨우 1년 만인 1986년에 놀라운 수준의 2집 〈Peace Sells... But Who's Buying?〉을 발표하면서 일약 스래쉬 메탈의 블루

Megadeth vs Metallica

사이좋을 때 찍은, 이제 겨우 막 스무 살이 된 데이브 머스테인과 제임스 헤트필드. 귀.엽.다.

칩으로 떠올랐다. 지금 들어도 대단히 진보적인 구성의 앨범이다.

그러나 데이브 머스테인을 포함한 밴드 멤버들은 마약에 심각하게 중독된 상태였다. 게다가 독재자 스타일의 데이브는 툭하면 멤버들을 갈아치워 앨범 준비 중에도, 심지어 투어 중에도 멤버가 바뀌는 일이 비일비재했다. 그 와중에 꾸준히 수준 이상의 앨범을 냈다는 사실을 믿기 힘들 정도다.

반면 메탈리카는 교통사고로 베이시스트 클리프 버튼(Cliff Burton)이 죽어 제이슨 뉴스테드(Jason Newstead)로 바뀐 뒤로는 10년 이상 멤버 교체 없이 활동했다. 1986년에는 스래쉬 메탈의 교과서로 불리는 〈Master of Puppets〉를 발매했고 헤비메탈의 왕좌를 차지하기 위한 발판을 차곡차곡 다져갔다.

나는 두 밴드의 앨범을 전부 사서 들었다. 물론 백판으로. 잡지나

라디오를 통해 두 그룹의 소식도 꼬박꼬박 챙겨 들었다. 승승장구하는 메탈리카를 메가데스가 쫓는 형국이었다. 그러나 마약, 알코올, 잦은 멤버 교체 등 메가데스는 우환이 너무 많았다. 데이브 머스테인의 천재성이 아니었다면 벌써 해체했으리라. 데이브는 어지러운 사생활 속에서도 모든 곡을 작사 작곡하고 레코딩과 라이브 무대 양쪽에서 뛰어난 기타 실력을 보여주었다.

메가데스는 밴드라기보다는 데이브 머스테인의 1인 그룹에 가깝다. 밴드와 관련된 모든 의사 결정도 그의 독단적인 판단에 따른다. 사실 메탈리카라는 공룡에 맞서 싸운 건 밴드 메가데스가 아니라 데이브 머스테인이라는 개인이었던 셈이다.

아무리 생각해도 데이브 형은 매력적인 악당이다. 약과 알코올에 절어 살면서도 타고난 천재성으로 깨알 같은 노래들을 만들어내고, 자기 멋대로 멤버들을 내쫓고 부르면서도 Megadeth라는 그룹은 한 번도

데이브 머스테인과 라스 울리히가 화해한 뒤에 사이좋게 찍은 사진. 어쩜 저렇게 천진난만들 하신지‥

Megadeth vs Metallica

해체하지 않았다. 기업으로 치자면 삼성 같은 존재였던 메탈계의 절대 군주 메탈리카에 대한 저항의 태도도 누그러뜨리지 않았다. 게다가 태권도 유단자이며 세계태권도 연맹에서 공식적으로 위촉한 태권도 홍보대사라고 하니… 흠흠

전두환 씨가 불교에 큰 뜻을 품고 백담사에 들어간 뒤, 문화 예술계를 짓누르던 심의 제도도 조금씩 정상을 찾아갔다. 금지곡도 점점 없어지고 어지간한 메탈 앨범들은 온전한 상태의 라이선스로 발매되었다.

그 즈음 더 큰 변화가 생겼다. CD의 등장이었다. 10년쯤 전 MP3가 CD를 멸종시켰던 것처럼 20년 전, CD는 레코드를 멸종시켰다. 4분의 1밖에 안 되는 크기에 아무리 들어도 음질이 변하지 않는 디지털 음원이라는 점, 테이프에 녹음하지 않아도 휴대용 CD 플레이어로 어디서나 들을 수 있다는 편리성 때문에 순식간에 LP 시장을 잠식했다.

중학교 3학년 여름에 처음으로 CD를 샀다. 일본 여행을 갔다가 CD 플레이어와 함께 몇 장을 사 왔는데 얼마나 아껴 들었는지 모른다. 학년이 높아지면서 용돈도 늘었고, 빽판 몇 장 살 돈을 모아 CD를 사는 게 낫지 않을까 생각이 바뀌어 갔다. 마지막으로 산 빽판은 일본의 헤비메탈 그룹 라우드니스(Loudness)의 앨범 〈Soldier of Fortune〉. 어떻게 기억하냐고? 일기장에 적어놓았으니까.

중학교를 졸업하고 고등학교에 올라가면서 '연합고사'라는 시험을 치러야 했다. 고등학교 입학시험의 성격을 띤 전국 시험이었다. 연합고사를 보고 집에 오는 길에 압구정 상아레코드에 들렀다. 몇 달 동안 모아 놓은 용돈을 털어 수입 CD 2장을 샀다. 별러오던 일종의 의식이었다. 중학교를 마치는 의식, 그리고 빽판과 이별하는 의식.
메탈리카의 〈Master of Puppets〉와 메가데스의 〈Rust in Peace〉 앨범이었다. 스래쉬 메탈의 양대 걸작으로 추앙받는 두 장의 앨범을 들으면서 얼마나 전율했던가. 잡음이라고는 하나도 섞이지 않은 짱짱한 소리의 대향연을 들으며 다짐했다.
이제 다신 빽판을 사지 않으리.
나는 정말 그 결심대로 그날 이후 빽판을 사지 않았다. 그리고 불과 1년도 안 있어 빽판은 모습을 감추었고 사고 싶어도 살 수 없는 추억으로 남았다.
그때는 CD의 시대가 영원할 줄 알았다. 지금 우리가 MP3 이후의 기술을 예상하지 못하는 것처럼.
세월이 흐르면서 기술과 매체는 바뀌지만 (진보라는 표현은 쓰기 싫다. 과연 MP3가 LP나 CD에 비해 진보한 매체일까?) 그 안에 담기는 음악은 영원하다. 도어즈(The Doors), 지미 핸드릭스(Jimi Hendrix), 비틀즈의 앨범을 내가 모조리 사 모았던 것처럼, 1990년대에 태어난

Megadeth vs Metallica

아이들도 80년대 헤비메탈 음악을 기를 쓰고 찾아 듣는다.

 포털사이트 질문 글이나 헤비메탈 동호회 게시판을 보면 중고등학생들이 메탈리카와 메가데스 중 누가 더 '간지' 나는지를 놓고 싸우는 글을 자주 볼 수 있다. 나도 끼어들고 싶은 마음이 종종 들곤 한다.

 ─그룹으로 보면 메탈리카 윈, 개인으로는 데이브 머스테인 형이 레알 간지 덜덜덜

 ─스래쉬 메탈 종결 앨범은 메가데스 Rust in Peace임. 감동 돋네. ㅠㅠ

가끔 지글거리는 빽판 소리가 그리워진다. 빨간책을 보며 침을 꼴깍 삼키던 소년의 눈동자도, 천 원짜리 빽판 한 장에도 들떠서 가벼웠던 소년의 발걸음도, 모두 그립다.

이PD의 Megadeth 추천곡

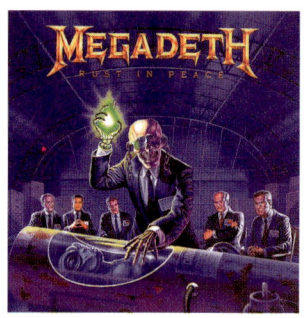

Tornado of Souls / 나는 워낙 잘 운다. 가끔 노래를 듣다가도 감성 충만해져서 눈물이 맺히는 경험을 하는데, 대표적인 예로 그룹 퀸(Queen)의 Bohemian Rhapsody, 제니스 조플린(Janis Joplin)의 Summertime 등등의 노래를 듣다가 그랬다. 헤비메탈을 듣다가 눈시울이 젖었던 경험은 이 노래가 유일하다. 그것도 노래가 아니라 기타 솔로 때문에.
정말 뭐라 설명할 수 없는 멜로디가 휘몰아치는 속도로 펼쳐진다. 동양적인 정서를 구현해내는 불세출의 기타리스트 마티 프리드맨(Marty Friedman)의 솜씨. 스래쉬 메탈이 도달할 수 있는 최고의 경지에 이른 앨범 〈Rust in Peace〉의 수록곡.

Hanger 18 / 역시 같은 앨범의 수록곡이다. Tornado of Souls가 감성 충만한 솔로(물론 테크닉도 엄청 난해해서 따라 치려면 아주 죽는다.)로 팬들을 열광시켰다면 이 노래의 기타 솔로는 배틀에 가까운 느낌을 준다.
학구적인 솔로 기타리스트로 일가를 이룬 마티 프리드맨과 현장에서 잔뼈가

굵은 데이브 머스테인이 번갈아 가면서 솔로를 연주하는 부분이 후반부에 나온다. 솔직히 테크닉이야 마티를 따라갈 수 없겠지만 우리의 터프 가이 데이브 형도 결코 꿀리지 않는다.

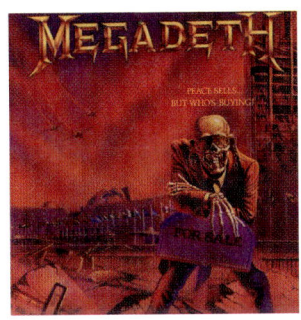

Wake Up Dead / 2집 〈Peace Sells... But Who's Buying〉의 첫 곡. 메가데스의 음악적 지향점을 가장 잘 보여주는 노래다. 변칙적인 리듬. 현란한 솔로. 날 선 보컬 라인. 그들의 라이브 세트 리스트에 한 번도 빠진 적이 없는 레퍼토리이기도 하다.

A Tout Le Monde / 메가데스마저 말랑하게 변절했다는 욕을 먹기도 했던 5집 앨범 〈Youthanasia〉에 실린 노래. 메가데스로 치자면 발라드라고 할 만큼 템포도 느리고 데이브 머스테인도 멀쩡하게 노래를 한다. 처음엔 영 마음에 안 들었는데 이 노래, 묘하게 사람을 끄는 데가 있다. 코러스 부분의 멜로디는 유려하다는 표현이 아깝지 않을 정도.

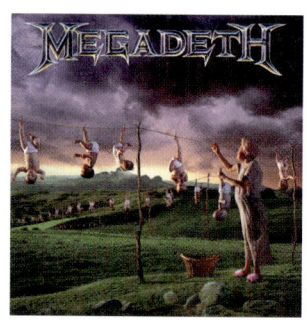

1,320 / 2009년에 발표한 앨범 〈Endgame〉은 정말 팬들을 깜짝 놀라게 한 역작이었다. 그들의 최고작으로 꼽히는 〈Rust in Peace〉과 비교해도 꿀리지 않는다는 찬사까지 들을 정도였다. 연주면에서만 보면 정말 그렇다. 사운드의 질감도 뛰어나서 듣는 쾌감을 꽉 채워준다. 속도와 강력함에 치중해서인지 인상적인 곡이 별로 없다는 게 단점이랄까. 이 노래는 속이 시원해지는 초강력 사운드에 인상적인 후크까지 대만족.

Anarchy in the U.K / 펑크 그룹 Sex Pistols의 고전을 메가데스만의 호쾌한 사운드로 재해석한 노래. 원곡보다 낫다는 생각이 드는 건 나뿐인가

Megadeth vs Metallica

이PD의 Metallica 추천곡

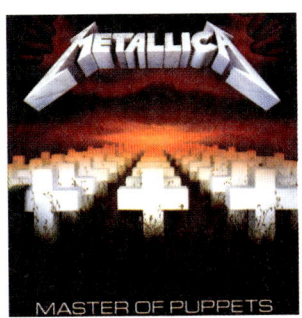

Master of Puppets / 이 노래를 빼고 메탈리카를 이야기할 수 있나? 메가데스의 〈Rust in Peace〉, Slayer의 〈Reign in Blood〉 앨범과 함께 Thrash Metal의 3대 걸작 앨범으로 꼽히는 앨범의 동명 타이틀 곡. 8분이 넘는 러닝 타임이 전혀 지루하지 않다. 비장하도다.

One / 4집 앨범 〈And Justice for All〉에서 싱글 커트 되어 스래쉬 메탈로는

이례적으로 빌보드 싱글 차트에까지 올라갔던 노래. 전쟁 후 외상 후유증을 겪는 병사의 고통을 그린 처절한 가사가 더없이 딱 들어맞는 연주에 실렸다. 후반부 미친 다운피킹 리프는 왜 메탈리카가 메탈리카인지 알려준다.

Orion / 클리프 버튼은 정말 뛰어난 베이스 연주자였다. 이 노래는 〈Master of Puppets〉에 실려 있는 연주곡인데 클리프 버튼의 아름다운 베이스 연주가 시종일관 곡을 리드한다. 그의 죽음 후 그룹에 들어온 새로운 베이시스트 제이슨 뉴스테드도 만만찮은 실력이었다. 그런데 17년 동안 메탈리카에서 활동한 뒤 밴드를 떠나면서 '활동기간 내내 클리프 버튼의 그늘에서 벗어나지 못해 괴로웠다.'라고 털어놓아 사람들을 놀라게 했다. 그만큼 클리프 버튼의 존재가 대단했다는 이야기.

Creeping Death / 메탈리카 공연에서 앵콜곡으로 가장 많이 연주하는 노래. 직선적이고 야만적이며 호소력 있다. 가사 내용은 고대 이집트를 배경으로 하고 있는데 이 노래를 메탈리카의 No.1으로 꼽는 골수팬도 적지 않다. 지금은 쉰 살 아저씨가 된 제임스 햇필드의 카랑카랑한 보컬을 듣는 재미도 쏠쏠하다.

Megadeth vs Metallica

이 노래는 특히 공연에서 빛을 발한다. 후반부에 반복해서 나오는 "Die!"를 관중이 함께 외치는 부분이 있는데 정말 현장에 있으면 온몸의 털이 서는 기분이다. 나 역시 내한공연에서 죽어라 "Die!"를 외쳤던 1인.

Enter Sandman / 메탈리카의 변절을 예고한 5집 〈Black Album〉의 첫 곡. 고등학교 때 스쿨 밴드에서 카피했기에 나로서는 잊을 수 없는 추억의 노래기도 하다. 골수팬들은 1991년에 발표한 이 앨범까지만 메탈리카로 인정하고 그 후의 앨범들은 아예 무시한다. 나도 그렇다.

이 앨범 이후 메탈리카는 노골적으로 대중화 노선을 걸으면서 말랑말랑하고, 가끔은 자신들도 헷갈리는 음악을 선보였다. 어쩌면 그런 변화? 변절? 때문에 지금까지 꾸준히 활동하고 있는지도 모르겠다. 다행히도 2008년에 나온 최근작 〈Death Magnetic〉 앨범은 상당히 강력한 사운드로 돌아왔다. 더 늙기 전에 제왕의 위엄을 한 번 보여주세요!

Megadeth vs Metallica

/ 달콤 쌉쌀한 첫사랑의 기억 pt.2

남자들은 첫사랑을 통해 많은 것을 배우고 혹은 잘못 배운다. 나 또한 그랬다. 18살에 미스터 빅(Mr. Big) 사인회를 찾아온 소녀와 사랑에 빠졌던 나는 책이나 부모님, 선생님과는 불가능한 교감을 경험하고 많은 선물을 받았지만 어긋난 사랑의 부산물 또한 오랫동안 남아 악영향을 끼쳤다. 방사능처럼.

그녀가 나에게 준 많은 선물들 중 가장 고마운 하나를 꼽으라면 바로 레드 제플린(Led Zeppelin)이다. 역사상 가장 위대한 록그룹이라는 칭호도 필요 없다. 레드 제플린은 그 이름 자체가 칭호다. 훗날 그 이름이 들어간 수식어가 붙는 것이 후배 그룹들의 가장 큰 영광이었으니. 예를 들면, '레드 제플린의 연주를 듣는 듯한...' 식의 표현 말이다.

Led Zeppelin

사실 나는 그녀를 만나기 전에 이미 레드 제플린의 음악을 들어보았고 앨범도 두 장 갖고 있었다. 레드 제플린의 음악을 처음 들은 건 중학교 1학년 때 막내 외삼촌이 기타를 치며 부르던 Stairway to Heaven이었다. 로버트 플랜트가 아닌, 20대 중반의 평범한 한국 남자의 목소리로 들으면서도 참 노래가 멋지다, 생각했다. 그 후로 용돈이 생기는 족족 헤비메탈 LP 레코드들을 사 모으면서 레코드 판 안의 해설지를 보면 가장 많이 등장하는 이름이 또 Led Zeppelin과 그 멤버들이었다.

그래서였을까. 한참 LA METAL과 스래쉬 메탈에 빠져 살던 중학교 3학년 때 레드 제플린의 2집 앨범을 샀다. 솔직히 말하면 별로 좋다는 생각을 하지 못했다. 너무 옛날 음반이라서 그런가 싶어 그들의 마지막 앨범 CODA를 구입했으나 역시 별 감흥을 받지 못했다. 추파춥스 사탕에 열광하는 꼬마가 꽃등심이나 다금바리 회를 처음 먹어보고는 별맛을 느끼지 못한 격이라 하겠다.

"선물이야."

그녀는 도톰한 손에 쥔 물건을 건네주었다. 그녀가 직접 녹음한 음악 테이프였다.

정말 아무리 기억해내려고 애써도 그날 우리가 어디서 만났는지

장소가 생각나지 않는다. 다만 그녀가 준 테이프가 SK에서 나온 하얀색 공테이프였던 사실은 또렷이 알고 있다. 테이프 안에는 눈금이 있는 노트를 반듯하게 자른 종이가 들어 있었다. 그녀가 직접 쓴, 러브 레터라고 해야 할지 곡해설이라고 해야 할지 애매한 편지였다.

그녀와 짧은 데이트를 마치고 집에 돌아와서 테이프를 틀고 그녀의 편지를 보았다. 편지가 지금 남아 있지도 않고 기억도 희미해져서 어떤 노래들이 있었는지 다는 모르겠다. 다만 첫곡은 정확히 기억난다. 9집 앨범 〈In Through the Out Door〉의 명곡 〈In the Evening〉이었다.

-이 노래를 들을 때마다 푸른색과 붉은색이 섞인 저녁 하늘이 눈앞에 펼쳐지는 기분이야.

그녀의 얼굴을 닮은 동글동글한 글씨로 그런 식의 표현이 적혀 있던 기억이 난다. 그 뒤로 6집 앨범 〈Physical Graffiti〉에서 Kashimir, The Rover, Night Flight, 4집 앨범에서 Going to California, 2집 앨범에서 What Is And What Should Never Be 등등이 녹음되어 있었다. 아, 5집 〈House of the Holy〉 중에서 D'yer Mak'er와 1집 앨범의 Babe I'm Gonna Leave You도 있었다.

사랑...이라기보다는 호감과 애정이 묻어나는 그녀의 글을 보면서 다시 레드 제플린과 조우했다. 집에서 먹는 밥과 과자에 길들어 있던 소년의 혀가 산해진미에 눈을 뜨는 순간이었달까.

그녀의 테이프를 한 바퀴 들은 뒤 나는 알았다. 이제 또 다른 세계로 통하는 문을 열었음을. 그리고 다시는 그 문을 열기 전으로 돌아갈 수 없음을.

그날부터 몇 달 동안 레드 제플린만 들었다. 데프 레파드에 미쳤을 때도, 메탈리카에 흠뻑 빠졌을 때도 그러지는 않았다. 머틀리 크루도 같이 듣고 메가데스, 오버킬도 즐겨 들었다. 60,70년대 고전 록을 처음 접했기 때문도 아니었다. 이미 딥 퍼플을 한참 좋아할 때였고, 퀸과 블랙사바스, 이글스, 심지어 60년대 사이키델릭 음악까지도 듣던 때였다.

레드 제플린의 음악은 Rock이라는 장르 안에 가두기에는 너무나도 기품이 있었고 예술이라는 거창한 단어를 붙이기에는 지나치게 강렬했다. 그래. 강렬한 기품이라는 표현이 적당하겠다. 18살 소년은 다른 어떤 음악에서도 느낀 적 없는 카리스마에 속절없이 마음을 빼앗겼다.

집에 있던 2집 앨범을 시작으로 레드 제플린의 음반을 사 모으려고 첫사랑 그녀에게 조언을 구했다.

"2집하고 10집 앨범은 있어. 그 담에 뭐부터 들으면 좋을까?"

"아무 숫자나 골라봐. 다 좋으니까. 단, 레드 제플린은 CD로 사면 안 돼."

Led Zeppelin

돈이 좀 더 들더라도 오리지널 LP로 사도록 해."

"어째서지?"

"그렇다면 일단 3집 앨범부터 사봐. 내 말뜻을 알 테니."

누가 오리지널 LP 좋은 줄 모르나? 돈이 없어서 그렇지.

간절히 원하면 이루어진다고 했던가? 정말 신기한 일이 일어났다. 어느 평범한 날 저녁이었다. 학교가 끝나고 앞에서도 말한 바 있는 친구 K군, L군과 동호대교 아래에서 담배를 피우며 하릴없이 건들거리고 있던 중에 바닥에 떨어진 봉투를 발견했다. K군이 먼저 발견하고 주웠는데 봉투 안에는 10만 원짜리 수표 네 장이 들어 있었다. 경찰서에 갖다 줘야지. 그래야 착한 아이들이지.

우리는 사이좋게 수표를 나눴다. 최초 발견자인 K군이 두 장, 나와 L군이 한 장씩. 나는 당장 상아레코드로 달려가서 레드제플린의 1집, 3집, 4집, 6집 앨범을 한꺼번에 오리지널 LP로 구입했다. 순서대로 하자면 5집 앨범을 샀어야 하는데 그 앨범이 가게에 없었다. 그녀가 왜 오리지널 LP를 권했는지 이유를 알았다. 왜냐고? 뒤에 이야기하도록 하겠다.

그리고는 다짜고짜 대치동으로 가서 여자친구 집에 전화를 걸었다. 한참 동안 아무도 받지 않던 전화를 10분 간격으로 걸었다. 한 시간쯤 뒤에 그녀가 전화를 받았다. 나는 흥분된 목소리로 자초지종을 설명하고 그녀를 불러냈다. 그리고 당시 고딩들의 데이트 명소였던 피자헛에서 피자를 먹었다. 그녀는 내가 산 레드 제플린의 앨범들을 보석이라도 만지듯 소중하게 다루었다. 그녀가 말했다.

"사실 나도 오리지널 LP로 갖고 있는 앨범은 4집하고 6집밖에 없어."

"그럼 나한테 녹음해준 테이프는?"

"음감회에서 안 오빠가 레드 제플린 마니아야. 그 오빠한테 부탁해서 테이프를 다 녹음했거든."

그랬다. 당시에는 테이프를 테이프로 복사하는 더블데크 카세트가 인기였다. 나는 '오빠'라는 말에 철없는 질투심이 끓어올랐다. 그러나 그다음에 이어진 그녀의 말에 서툰 질투는 사르르 녹아버렸다.

"정말 좋다. 너랑 같이 레드 제플린 듣게 되어서."

그렇게 몇 달 동안 첫사랑 그녀와 함께 주구장창 레드 제플린에 빠져 살았다. 레드 제플린은 강렬한 기품(그 당시엔 이런 표현을 몰랐지만) 외에 또 다른 면모가 있었다. 레드 제플린은 당시 활동하던 록, 메탈 밴드들의 뿌리였다. 건즈 앤 로지즈도, 그레이트 화이트도, 본 조비도 레드 제플린의 적자 혹은 서자였다. 단언컨대 그 누구도 아버지의 절반만큼도 이루지 못했지만.

Led Zeppelin

 레드 제플린에 관한 책이 수두룩하게 나온 마당에 그들의 역사를 여기서 시시콜콜하게 언급하는 일은 의미 없다. 다만 공식적인 기록을 중심으로 간단한 자취만 보도록 한다.

 레드제플린은 68년에 지미 페이지(Jimmy Page, 기타), 로버트 플랜트(Robert Plant, 리드 보컬), 존 본햄(John Bonham, 드럼), 존 폴 존스(John Paul Jones, 베이스, 키보드) 네 명의 멤버들로 활동을 시작한다. 1969년에 첫 앨범 'Led Zeppelin'을 발매하고 같은 해 하반기에 'Led Zeppelin II', 이듬해인 1970년 - 'Led Zeppelin III', 1971년에 'Led Zeppelin IV'를 발표하면서 결성 4년 만에 세계에서 가장 많은 앨범을 팔고 가장 많은 관중을 동원하는 록그룹이 되었다.

 그들은 록뮤지션으로도 성공했지만 대중적으로도 최고의 인기가수(?)였다. 지금도 기네스북에 가장 많이 방송을 탄 노래로 Led

Zeppelin IV 앨범의 Stairway to Heaven이 기록을 갖고 있을 정도니 대중적인 인기를 짐작할 수 있다. 무려 8분에 달하는 노래가 말이다.

그런 인기에도 불구하고 그들은 방송 출연을 극도로 자제하고 앨범과 공연만으로 대중과 소통하려고 했다. 1973년에 다섯 번째 앨범 'Houses of the Holy'를 발표하고 1975년에는 더블 앨범인 'Physical Graffiti', 1976년에 'Presence'를 발표했다.

그 사이사이 수만 명의 관중을 동원하는 거대한 공연을 쉼 없이 펼쳤다. 1976년에 발표한 실황 앨범 'The Song Remains the Same'은 그 뜨거운 무대 중 하나였던 메디슨 스퀘어에서의 공연을 기록한 앨범이다.

대규모 전미 투어를 취소할 정도로 아슬아슬했던 자동차 사고도

레드 제플린의 진가는 공연에서 빛났다.

Led Zeppelin

있었고 보컬리스트 로버트 플랜트의 6살 아들이 급사하는 불운도 있었다. 로버트 플랜트의 탈퇴설과 밴드 해체설이 난무하는 가운데 1979년 'In Through the Out Door' 앨범을 발표했다. 역시 레드 제플린이라는 찬사와 함께 앨범 안에 많은 노래가 사랑을 받았다. 그러나 활동을 재개한 지 얼마 되지 않은 80년 9월 존 본햄이 세상을 떠났고 레드 제플린은 공식 해체를 선언했다.

 레드 제플린을 향한 찬사를 덧붙일 필요는 없다. 사자가 백수의 왕임을 강조할 필요가 있나? 그들은 아직까지 적수가 없는 최고의 하드록 그룹이며 위대한 블루스 록그룹이기도 했고 최초의 헤비메탈의 그룹이다. 그만큼 그들의 음악이 폭넓은 영역에 걸쳐 있었으며 또한 독창적이었다는 점을 강조하고 싶다.

 그리고 레드 제플린은 대중적으로도 가장 성공한 Rock밴드였음을 기억하자. Rock이라는 장르를 아주 넓게 본다고 해도, 인기로 치자면 엘비스 프레슬리, 비틀즈, 퀸 정도만이 레드 제플린과 동급에 놓일 테니. 2억 장이 넘는다는 그들의 음반 판매량을 자세히 들여다보면 그룹이 해체한 지 20년도 넘은 뒤에 편집해서 발표하는 베스트 앨범도 수백만 장이 팔리는 기현상을 볼 수 있다. 정규 앨범을 다 갖고 있으면서도 그냥 산다. 왜냐고? 레드 제플린이니까.

레드 제플린이 최고의 밴드로 추앙받듯 Rock 역사상 최고의 드러머로 추앙받는 존 본햄의 정확한 사인은 질식사다. 그는 1980년 9월 24일 지미 페이지의 윈저 저택에서 9월 24일 하루 동안 서른 잔이 넘는 보드카를 마셨고 잠자리에 들었다. 다음날 오후, 함께 술을 마신 베이시스트 존 폴 존스가 사망한 본햄을 발견했다. 부검 결과, 수면 중 구토로 질식사한 것으로 밝혀졌다. 본햄의 시신은 화장되어 10월 4일, 우스터셔의 교회에 묻혔고 이후 레드 제플린은 12월 4일 성명을 내고 해체를 선언했다. 존 본햄의 나이 겨우 32살이었다.

존 본햄이 너무나도 갑작스럽게 떠난 것처럼 내 사랑도 갑작스럽게 끝났다. 이 글은 소설이 아니라 에세이다. 우리가 왜 어떻게 헤어졌는지, 상상도 하지 못했던 그녀의 비밀이 무엇이었는지 자세한 이야기는 하지 않겠다. 고인(故人)에 대한 누가 될 테니.

Led Zeppelin

그렇다. 그녀는 지금 이 세상에 없다. 헤어지고 나서 2년이 더 지난 다음 친구들을 통해 그녀의 죽음을 전해 들었다. 그녀는 스스로 목숨을 끊었다고 했다. 나는 이미 고등학교를 졸업하고 대학교 신입생이었다. 1년을 넘게 만난 여자친구도 있었다.

그 사실을 알고 난지 며칠 뒤였다. 확실하지는 않지만 학교에 가던 길이었던 것 같다. 무작정 핸들을 꺾어 대치동으로 향했다. 계획에 없던 돌발적인 행동이었다. 넋 놓고 운전하다가 앞의 차를 툭 받는 바람에 전날 과외비로 받았던 봉투에서 10만 원을 꺼내 앞차 운전자 아저씨에게 드렸던 기억도 난다. 그녀의 집 앞에 도착해서도, 남의 아파트 주차장의 차 안에서 한참 동안 나오지 못하고 떨었던 기억이 난다.

용기를 내어 차에서 내렸다. 미처 하지 못한 이별의식을 치르고 싶었다. 그녀를 원망하고 싶었다. 왜 도와달라고 말하지 않았냐고. 용서를 구하고 싶었다. 너를 지키지 못해 미안하다고.

그녀의 집 현관 앞에 섰다. 당장에라도 벨을 누르면 그녀가 고운 얼굴을 내밀고 웃어줄 착각에 입에 침이 고였다. 현관문을 마주하고 눈을 감았다. 철문 안의 모습이 눈에 선했다. 나란히 앉아 음악을 듣고 있는 열여덟 열일곱 소년 소녀가 보였다. 그리고 레드 제플린의 Babe I'm Gonna Leave You가 귓가에 메아리쳤다.

너를 떠나고 싶지 않지만 떠나야 해. 그래. 너무 좋은 나날이었어. 너는 나를 매일 기쁘게 해주었으니. 하지만 이제 난 널 떠나야 해.

눈물을 흘렸던가? 소리 내어 울었던가? 잘 모르겠다.

그날 밤 나는 K와 L군을 불러내어 L군의 아파트 옥상에서 술을 마셨다. 그리고 첫사랑 그녀의 흔적을 모두 태웠다. 그녀가 준 작고 착한 선물들, 그녀가 써준 편지, 어느 음감회에서 그녀와 함께 찍은, 둘의 유일한 사진까지 태웠다. 그렇게 잊을 줄 알았다.

그녀를 마지막으로 본 지 20년이 흐른 지금도 잊지 못했다. 미스터 빅이나 레드 제플린의 음악을 들을 때면 아련한 첫사랑의 기억이 어느새 마음에 깃든다. 이제는 가슴 아프거나 몸이 굳어버리거나 하지는 않는다. 다만 아쉬울 뿐이다. 다시 보지 못하더라도, 같은 하늘 아래 살고 있다면 그녀의 행운을 빌어줄 텐데.

하늘에서도 레드 제플린의 음악과 함께 하길...

존 본햄의 묘. 팬들이 놓고 간 드럼 스틱이 수북하다.

Led Zeppelin

이PD의 Led Zeppelin 추천곡

그렇다. 이건 100% 취향의 문제다. 레드 제플린의 많은 앨범과 노래들 중 Best를 꼽는 일은 무모하다. 감히 말하건대 모든 앨범과 모든 노래가 다 들을 만하니까. 이런 예는 거의 없다. 헤비메탈의 제왕이라는 메탈리카만 해도 정말 한심한 앨범들을 많이 만들었고 Iron Maiden이나 Judas Priest도 못 들어줄 노래들이 수두룩하다. 전설로 불리는 딥 퍼플이나 블랙 사바스도 함량 미달의 앨범들이 있다. 그러나 정말 레드 제플린만은 허투루 만든 앨범이나 노래가 없다. 존 본햄이 죽고 난 다음 미발표곡을 모아 만든 유작 앨범인 CODA정도가 조금 심심하달까?

Since I've Been Loving You / 3집 앨범에 있는 블루스 록. 이 노래를 들으면서 마신 위스키가 얼마였던가? 정말 명연주에 절창이다. 말을 아끼고 싶다. 직접 들어보시라.

The Rover / 첫 사랑 때문이다. 그녀가 준 테이프에 이 노래가 있었고 이 노래를 듣는 순간 나는 레드 제플린의 수많은 맹신도 중 한 명이 되었다. 사실 레드 제플린의 노래들 중 소개되는 빈도로 따지자면 20위권에도 못 들, 소품에 가까운 노래다. 그런데 왜 추천하냐고? 앞에서 얘기하지 않았는가? 레드 제플린의 노래는 다 좋다고. 취향의 문제라고.

Communication Breakdown / 감히 말한다, 인류의 기원이 유인원이라면 헤비메탈의 기원은 레드 제플린이다. 발표된 지 40년이 훨씬 넘은 이 노래에서 레드 제플린은 이미 정확한 헤비메탈의 원형을 제시하고 있다. 인상적인 리프(Riff, 반복되는 짧은 연주), 하이톤의 보컬, 스네어를 전면에 내세운 파워 드럼, 기타와 유니즌을 이루는 단단한 베이스 라인, 그리고 클라이맥스 지점에 위치하는 선명한 기타 솔로.

Dazed and Confused / 역시 데뷔 앨범에 수록된 곡. 레드 제플린은 공연 중에 곡의 길이를 몇 배로 늘려 연주하곤 했다. 5분짜리 노래를 10분으로 연주하는 정도는 예사고 한 곡을 20분 넘도록 변주하기도 하는데 지루하기는커녕 사이키델릭한 분위기가 정말 사람을 미치게 만든다. 바로 이 노래에서 그런 식의 연주 패턴을 맛보기로 보여준다.

음악을 좀 안다 하는 사람들에게 레드 제플린의 데뷔 앨범은 영원한 미스터리로

Led Zeppelin

남을 듯.

미스터리 1. 이제 갓 20살을 넘은 멤버들이 어떻게 이런 오묘하고 철학적인 가사와 복잡다단한 구성의 레퍼토리를 만들었을까? 그리고 완벽한 연주까지?

미스터리 2. 총 레코딩 시간이 서른 시간 정도였다고 하는데 과연 42년 전 녹음 기술로 이런 퀄리티가 가능했을까?

미스터리 3. 이렇게 에너지를 쏟아놓고 어떻게 겨우 몇 달 뒤에 더 엄청난 내용물을 담은 2집 앨범을 제작했을까?

Boogie with Stu / 6집 앨범 〈Physical Graffiti〉는 평론가들이 레드 제플린의 음악적 성취가 최고점에 달했다고 꼽는 명반이다. 물론 일반 대중은 4집 앨범에 가장 열광했지만. 6집 앨범은 더블 앨범으로 구성되었는데 첫 번째 레코드에 Kashimir를 비롯한 대곡들이 포진한 반면 두 번째 레코드에는 소품이라 할 만한 사랑스러운 노래들이 담겨 있다. 요즘 표현을 빌자면, 깨알 같다. 그 깨알 같은 노래 중 하나. 사랑스럽기로 치면 Down by the Seaside가 더하지만 나는 이 노래에서 로버트 플랜트 형이 맘 편하게 질러대는 목소리가 참 좋다.

All My Love / 정식 앨범으로 치자면 그들의 마지막 앨범인 In Through the Outdoor에 수록된 노래. 앞에서 소개한 Since I've Been Loving You가 처절한

사랑노래라면, 이 노래는 부드럽고 촉촉한 러브송이다. 30대에 접어들면서 원숙해진 로버트 플랜트의 보컬을 초기 보컬 스타일과 비교해보는 것도 재미있다. 꼭 다른 사람 같으니까.

Black Dog / 작년에 〈두시탈출 컬투쇼〉에 윤도현이 나왔을 때다. 게스트에게 추천 곡을 받아 틀어주는데 이 노래를 골라주었다. 사실 라디오PD는 자기가 좋아하는 노래를 실컷 틀 거라고 생각하는데 정말 오산이다. PD들마다 다르겠지만 나는 대중이 공감할 만한 노래들을 선곡한다. 아, 물론 '공감'의 기준은 주관적인 판단이겠지만. 그래서인지 레드 제플린의 노래는 심야 음악방송을 연출할 때 Stairway to Heaven을 틀었던 정도가 고작이었다. 그러던 차에 윤도현 형님께서 이 노래를 골라주셨다.
〈두시탈출 컬투쇼〉에 레드 제플린의 노래를 틀다니! 스태프들에게 내색하지 않았지만 노래가 나가는 내내 PD 테이블 아래로 발을 까닥거리며 노래를 흥얼거렸다.
이 노래 역시 멤버들 모두 놀라운 기량을 보여주고 있는데 특히 존 본햄의 드럼에 귀를 기울여볼 필요가 있다. 워낙 강하고 명료한 스타일로 연주하는 탓에

Led Zeppelin

그가 정박에 충실한 드러머라고 생각하기 쉬운데 실상 레드 제플린의 노래는 엇박자와 변박의 리듬이 정말 많다. 존 본햄이 아니었다면 레드 제플린의 강렬한 기품은 결코 이뤄지지 않았을 터.

Moby Dick / 존 본햄은 공연에서 수십 분에 달하는 자신의 솔로 연주 타임을 갖는 유일무이한 록 드러머였다. 2집에 실린 이 노래는 존 본햄의 드럼 연주곡이다. 되도록 라이브 버전으로 들어보기를 권한다. 참고로 레드 제플린이 공식적으로 발표한 라이브 앨범은 세 개다. 그중에서 제일 먼저 발표한 The Song Remains the Same 앨범에 있는 12분 50초짜리 버전을 강추한다.

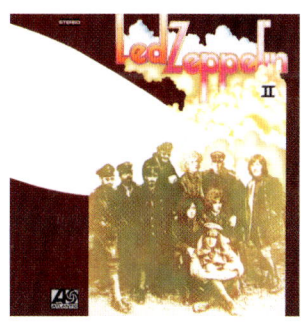

Rest in Peace, John.

Going to California / 아름답고 영롱하도다.

이PD의 Led Zeppelin 번외편 1

Crazy Little Thing Called Love - Robert Plant and Queen

로버트 플랜트와 함께 Rock 역사상 최고의 보컬리스트로 꼽히는 프레디 머큐리의 사망 후 그를 추모하는 공연이 이어졌다. 그 중에서 1991년 런던의 웸블리 구장에서 열린 추모 공연이 최고로 꼽힌다. U2, 메탈리카, 데프레파드, 건즈 앤 로지즈, 익스트림, 엘튼 존 등등 그 시절 최고의 뮤지션들이 총출동한 전대미문의 추모공연이었다. 운집한 관중 수는 7만 2천여 명. 공연은 76개국에 TV로 방영되었다. 그 중 로버트 플랜트가 참여해 퀸의 멤버들과 함께 노래를 불렀다. 앨범으로는 안 나왔는데, 포털 창에 검색하면 노래 동영상이 뜨니 감상해보시길.

참고로 그룹으로 치면 레드 제플린이 선배 그룹이었는데 나이는 로버트 플랜트가 프레디 머큐리보다 두 살 더 어렸다. 로버트 플랜트가 워낙 어릴 때(21살)부터 레드 제플린의 보컬리스트로 활동했기 때문이다. 그렇다. 세계 최고의 로커로 군림하던 시절, 로버트 플랜트는 겨우 20대 초반이었다.

Immigrant Song - Queen

이번에는 반대다. 1986년 독일 공연 중에 퀸이 레드 제플린의 Immigrant Song을 연주한 적이 있다. 정식 앨범에는 실은 적이 없는데 부트랙으로 영상과 음원이 간간히 떠돌고 있다. 좀 구하기가 어려운데... 알아서 찾아보거나 들으시기를. 참고로 국내에 있는 퀸의 인터넷 카페에 가입하는 방법이 가장 빠르다는... 연주한 시간도 워낙 짧고 음원의 퀄리티 또한 매우 떨어지니 너무 실망마시길.

역시 레드제플린은 레드제플린의 노래를 할 때가, 퀸은 퀸의 노래를 할 때가 가장 멋있다. 자기 노래들만 해도 몇 시간 동안 공연하기도 모자랄 테니.

Since I've Been Loving You – Corinne Bailey Rae

얼마 전 아이유가 가장 닮고 싶은 아티스트라고 밝힌 코린 베일리 레가 재해석한 레드 제플린의 노래. 수많은 후배 아티스트들이 레드 제플린의 노래를 커버했는데 대부분 Rock의 창법이 기본으로 깔린 접근이었다. 그런데 이 버전은 정말 특이하다. 나긋나긋함과 몽롱함이 공존하는 그녀의 음색을 한번 들어보시길.

Rock and Roll – Various Artists

제목 그대로 로큰롤이 무엇인지 보여주는, 레드 제플린의 시그니처 송.
1989년 모스크바에서 양일간의 음악 페스티발이 열렸다. 이틀 동안 무려 18만 명의 관중이 모였고, 본조비, 신데렐라, 머틀리 크루, 스키드 로, 스콜피언스, 오지 오스본 등등 헤비메탈 밴드들이 무더기로 출연한 공연이었다.
공연의 클라이맥스에 여러 출연진이 함께 이 노래를 연주했다. 보컬은 머틀리 크루의 빈스 닐과 스키드 로의 세바스찬 바흐가 맡아서 한 소절씩 번갈아 불렀다. 헤비메탈 형님들의 포스를 비교해보는 재미도 있다.
알고 보면 뭉클한 상황도 있다. 존 본햄의 아들 제이슨 본햄(그는 영광스러운 성을 따서 만든 그룹 Bonham의 드러머로 활동했다)도 공연에 참여했는데 바로 이 곡에서 드럼을 연주하고 있다. 아버지가 하늘에서 흐뭇하게 지켜보았을까.
공연 실황은 후에 DVD로도 제작되었고 〈Make a Difference Foundation〉이라는 타이틀의 CD로도 발매되었다.

이PD의 Led Zeppelin 번외편 2

마지막으로 레드 제플린의 재킷 이야기를 잠깐 할까 한다. 아니, 정확히 말하자면 레드 제플린의 챕터를 빌어 Rock 음반과 재킷 아트에 대해 잡설을 써보려고 한다.
음악이란 흘러 지나가는 소리다. 그 소리를 담은 매체가 플라스틱 LP판에서 CD로, 그리고 요즘은 MP3로 변해왔다. 편리성이라는 기준으로 보면 매체가 작으면 작을수록 편리하기에 결국은 아예 형체가 없는 디지털 신호를 통해 우리는 음악을 듣는 셈이다. 그러나 과연 편리성만이 음악의 전달에 있어서 가장 우선적인 기준일까?
한때 LP판이 음악을 전하는 가장 중요한 수단이었던 시절이 있었다. 그것도 아주 오랫동안. LP판 크기가 워낙 크다 보니 앨범 재킷의 면적도 넓었고 재킷 디자인도 음악과 함께 중요한 요소로 여겨졌다.
대중음악의 다른 장르인 댄스, 소울, 포크, 재즈 등의 음악은 우리의 일상과 개인적인 감정의 범주 안에 머무는 경우가 많다. 사운드 자체도 일정한 데시벨 폭 안에 머문다. 그래서 재킷 디자인도 아티스트의 사진이나 타이틀을 내세운 간단한 일러스트가 주를 이뤘다. 그러나 Rock 음악은 고출력의 사운드와 더불어 극단적인 감정이나 상황, 또 초현실적인 내용을 많이 다룬다. 그러다 보니 재킷 디자인 또한 강렬하고 추상적인 방향으로 흘렀다.
첫사랑 그녀가 레드 제플린의 음반은 CD 말고 LP로 사라고 했던 이유도 재킷 때문이었다. 3집 앨범을 보자.

지면으로 잘 드러나지는 않지만 간단히 설명을 하자면 커버 안에 둥근 종이가 들어 있어서 빙빙 돌리게 만들었다. 종이가 돌아가면서 커버에 뚫린 구멍으로 멤버들의 사진을 비롯해 각기 다른 아이콘들이 보인다.
LP 시대가 저물고 CD 시대에 접어들면서 앨범 디자인은 크게 제약을 받았다.

Led Zeppelin

면적으로 치면 1/7수준으로 크기가 줄었기 때문. 위에 보이는 레드 제플린의 3집 같은 기발한 디자인의 재킷은 불가능하게 되었다. 그러다 이제 MP3가 보편화되면서 앨범 재킷 디자인은 점점 더 입지가 줄어들었다.

상상해보라. 그 자체가 하나의 작품인 앨범 재킷을 보면서 음악을 듣는 것과 디지털 신호로 변환되는 소리만 듣는 경우, 어느 쪽이 행복한 감상이 될지를. 미국의 대중음악 전문지 롤링스톤은 얼마 전 인터넷 홈페이지를 통해 최고의 음반 표지 25장을 공개했다. 독자와 네티즌들을 대상으로 자신이 가장 좋아하는 앨범 표지 5장씩을 꼽아 달라고 주문해서 결과를 집계한 것이다. 롤링스톤 측이 밝힌 이벤트의 취지가 재미있다.

—갈수록 혁신적인 음반 표지가 줄어드는 데 통탄하며 독자들에게 투표를 의뢰했다.

1위로 꼽힌 앨범 재킷은 The Beatles의 67년 작 'Sgt. Pepper's Lonely Hearts Club Band'다. 비틀스의 멤버들과 함께 다양한 분야의 저명한 인사들이 서 있다. 밥 딜런, 마를린 먼로, 말론 브란도 등 연예인들과 심리학자 프로이드, 작가 에드거 앨런 포 등도 보인다. 여기저기서 모은 사진들을 붙여놓은 것처럼 보이지만 실제로는 각 인물의 사진을 실제 크기로 확대해 세워놓은 뒤

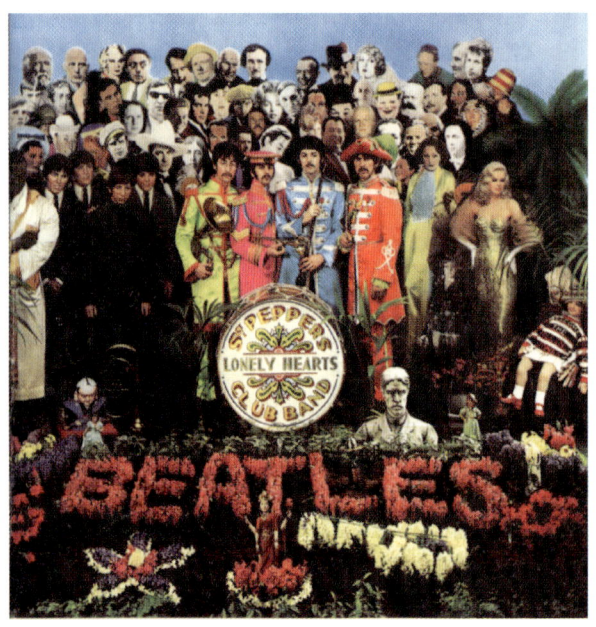

비틀스 멤버들과 함께 촬영한 방식으로 만든 재킷이다.
이 기회에 내가 뽑은 최고의 앨범 재킷 Top 5를 소개해보겠다. 다소 즉흥적인 면이 있다. 작년에 뽑았다면, 또는 내년에 뽑는다면 달라질지도 모르겠다. 재미 삼아 보시기를.

1. House of the Holy - Led Zeppelin

전 앨범인 4집과 마찬가지로 앨범 커버에는 어떤 글자도 적혀 있지 않다. 핑크 플로이드와의 작업으로 유명한 디자인 그룹 힙그노시스의 작품이다. 사진은 더블 재킷인 LP음반을 펼쳐 놓은 그림이다.

Led Zeppelin

2. 21- Adele

고백하건데 이 앨범의 내용물이 평범했다면 재킷 또한 묻혔을 터. 최근에 내가 발견한 여자 아티스트들 중 최고로 꼽는, 보석 같은 가수 아델의 두 번째 앨범 재킷이다. 아직 발매된 지 몇 달 안 되는 따끈따끈한 신작이며 요즘 날씨가 조금 꾸물꾸물하다 싶으면 바로 듣는 앨범이기도 하다.

앨범 타이틀인 21은 그녀의 나이다. 데뷔 앨범인 전작의 타이틀은 19. 역시 그녀가 데뷔 앨범을 발표할 때 나이였다. 겨우 19, 21살의 여자아이가 노래를 하면

얼마나 하겠냐고? 한번 들어보시라. 41살 먹은 여인네보다 더 넓고 깊은 감정의 진폭을 노래하고 있으니.
처음 이 앨범을 손에 든 순간, 사진의 심드렁함에 주목했다. 여자의 나이에서 가장 빛나는 20대 초반의 그녀는 왜 여자들이 기피하는 정면 각도에서, 그것도 드라이한 흑백 사진으로, 그것도 눈까지 감은 채 사진을 찍었을까? 그나마 그녀의 데뷔 앨범 재킷은 앳된 매력이라도 살짝 내비쳤는데.
앨범을 듣는 순간 이유를 알았다. 음악으로만 승부하겠다는 자신만만 의지의 표현이었다. 내가 본 가장 밋밋한 여성 아티스트의 사진이 단숨에 특별한 매력으로 반짝이던 놀라운 순간을 봤다.

3. Fat of the Land

앨범 재킷에 동물이 등장한 건 한두 번이 아니지만 게는 처음이자 마지막이 아닌가 싶다. 게다가 독사진(?)이라니. 재킷의 오른쪽 상단 모서리를 찢어 버리려는 듯 치켜든 집게발이 보이는가? 게와는 어울리지 않게 질주하는 느낌으로 배경을 처리한 속도감까지 겹쳐서 자꾸 사진을 들여다보게 한다. 흔히 미학에서 말하는 '낯설게 하기'에 충실하달까.

Led Zeppelin

내용물은 어떠냐고? 누가 나에게 테크노 음악이 무어냐 물으신다면 이 앨범을 들어보라고 하겠습니다. 테크노 음악에서 레드 제플린의 음반처럼 신격화된 걸작 앨범. 도발적이며 섹시하고 위험하다. 저놈의 집게발처럼.

4. Three Cheers for Sweet Romance / Life on the Murder Scene – My Chemical Romance

요즘 밴드들 중에 아주 즐겁게 듣고 있는 (비록 최근작이 조금 말랑말랑했다곤 하지만) 팀. 나는 음악은 옛날이 좋았는데, 식의 이야기를 싫어한다. 레드 제플린이 아무리 좋다고 해도 결국 더 이상 새로운 음악을 만들어 내지 못하는 과거의 그룹이니까. 언젠가는 그들만큼 사람들을 전율케 만드는 그룹이 나오리라 믿는다.

왼쪽 재킷은 2006년에 나온 라이브 앨범, 오른쪽은 2004년에 나온 정규 2집 앨범이다. 센스가 기막히지 않은가? 저들의 음악 또한 딱 재킷 같은 느낌이다. 한 장으로 끝났다면 평범한 이모 펑크 밴드의 앨범 재킷으로 남았을 텐데.

5. Electric Ladyland - Jimi Hendrx

1968년에 발표한 지미 헨드릭스의 걸작 앨범 유럽판 재킷 되시겠다. 레드 제플린의 앨범처럼 펼치면 사진이 이어지는 더블 앨범 커버다.

재킷만 이랬다면 그냥 누드 사진에 불과했을 터. 60년대 록의 걸작으로 꼽히는 이 앨범에는 이후에 수많은 변주를 낳은 명곡들이 대거 포진하고 있다. All Along the Watchtower, Gypsy Eyes, Voodoo Chile, Crosstown Traffic 등등. 이 재킷을 왜 좋아하냐고? 정말 몰라서 묻는 거?

Led Zeppelin

/ 헤비메탈을 위한 변명

우리나라에서 헤비메탈만큼 억압과 멸시를 받은 음악이 있었을까? 국내에서 헤비메탈 앨범이 금지곡이나 재킷의 변형 없이 멀쩡한 상태로 발매된 시점은 헤비메탈의 전성기가 끝난 90년대 초반부터였다.
내가 사춘기를 보냈던 전두환-노태우 군사정권하에서 헤비메탈 음악은 선정적이고 폭력적이라는 이유로 학생운동처럼 억압당했다. 마치 불온서적을 몰래 보는 대학생처럼, 내 또래 메탈 키드들은 불법적인 경로로 빽판이나 수입반으로 헤비메탈을 접했다. 부당한 죄책감마저 느끼면서 말이다.
나중에 알았다. 그렇게 헤비메탈을 억압한 작자들이 도리어 누구보다 야만적이고 쾌락에 탐닉한 인간들이었다는 사실을. 그때 느낀 배신감과 절망감이란.

메가데스와 슬레이어의 음악이 평화와 공동의 선을 노래한다고 말하지는 않겠다. 머틀리 크루와 건즈 앤 로지즈 멤버들의 난잡한 생활이 바람직하다고 편들고 싶지도 않다. 다만 그들은 솔직하게 관심사와 욕망을 드러낸다. 인간의 추악하고 야만적인 본성을 말하고 섹시한 여자들과 즐기고 싶다고 노래한다.

싸잡아 말하고 싶지는 않지만, 많은 정치인들은 어떤가? 사람들을 총으로 쏴 죽여 놓고도 평화를 사랑한다고 한다. 외설적이라며 노래가사까지 검열하면서 본인은 청와대까지 여자들을 불러 즐겼다. 위선이란 바로 이런 것이다.

세상엔 언제나 착한 척하는 악당들이 많았다. 적어도 헤비메탈 형님들은 착한 척은 하지 않았다. 아니, 실상 그다지 악당도 아니었다. 그 유명한 메탈 악동 액슬 로즈가 치는 사고라고 해봤자 기껏해야 술 취해서 난동을 부리거나 주먹다짐을 하는 정도였으니. 메이저 록밴드들 중 가장 과격하다고 평가받는 슬레이어도 멤버들이 실제로 살인을 저지른 적이 있었던가?

권력을 잡기 위해 무고한 사람들을 죽인 인간이나 뒤늦게 친자 확인 소송에 휘말리고도 끝까지 부인하다가 결국 패소한 전직 대통령에 비하면, 로커들의 생활이 훨씬 더 윤리적이지 않나?

옛날 얘기만은 아닐 터. 지금도 점잖은 척하는 정치인들의 가식적인 행태를 보라. 국회에서 벌어지는 난투극이나 돈과 여자가 얽힌 고위 공직자 스캔들은 참 꾸준하기도 하다. 그런 인간들이 민주적인 절차와 평화를 이야기하고 가정의 가치를 운운하는 모습을 볼 때마다 구역질이 난다.

 헤비메탈은 적어도 위선적이지는 않다. 그런 솔직함은 바로 헤비메탈을 억압했던 시절의 위정자들이 배워야 한다. 아, 그 인간들...... 이미 뭔가를 배우기엔 너무 늙어버렸구나.

 갑자기 왜 위선과 솔직함에 대해 이야기하냐고? 바로 이 앨범 때문이다.

1990년에 발표한 익스트림의 2집 앨범 〈Pornograffitti〉. 외설물을 뜻하는 'Pornography'와는 철자가 조금 다르다. 우리말로 하자면

'외설적인 낙서' 정도의 뜻이겠다. 재킷에 있는 괴상하게 생긴 꼬마가 보이는가? 오른손에 그라피티를 그리는 데 쓰는 락커를 들고 있다. 애늙은이같이 생긴 이 친구의 이름은 프랜시스. 이 앨범은 성과 쾌락에 눈떠가는 프랜시스의 성장 스토리를 표현해낸, 일종의 컨셉 앨범이다.

학교에서 소지품 검사를 하는데 가방에 들어 있던 이 CD 때문에 곤욕을 치렀던 기억이 난다. 소지품을 검사하던 선생님께서 표지의 Porno라는 단어를 잡고 늘어졌다.

-이거 뭐야 인마?
-이건 포르노 CD가 아니라 음악입니다. 익스트림이라는 그룹의 앨범이요.
-익스트림? 이름이 더 수상한데?

내가 아무리 설명해도 의심은 풀리지 않았다. 결국 교무실에서 음악을 듣고 난 다음에야 난 CD를 돌려받았다. 선생님의 진부한 반응도 기억난다.

-뭐가 이렇게 시끄러워? 이상한 음악 듣지 마 인마!

대놓고 포르노라는 단어를 타이틀에 앞세웠고 몇몇 곡들에 조금 야한 표현이 있기도 하지만, 노골적인 성적 표현보다는 호쾌한 헤비메탈과 주옥같은 러브송들이 알차게 담긴, 구입 강추 헤비메탈 앨범

Extreme

되시겠다.

 내가 익스트림을 처음 접한 것도 이 앨범을 통해서였다. 고등학교에 올라와서 스쿨 밴드를 했는데 그때 연습했던 노래 중 한 곡이 이 앨범에 수록된 〈Suzi〉라는 노래였다. 그전까지 'More than Words'만 라디오에서 들어보고, 예쁜 노래를 하는 그룹인가보다 싶어서 별 관심은 두고 있지 않았다. 그냥 테이프로 녹음해서 들으면서 연습하려고 했는데 우리 그룹에서 리드 기타를 치던 상준이의 말이 구매욕을 자극했다.
 ―기타가 환상이야. 그냥 환상.
 내가 물었다.
 ―슬래쉬(건즈 앤 로지즈의 기타리스트)보다 더?
 ―휠.
 용돈이 모이는 대로 상아레코드에 들러 앨범을 샀다. 자율학습실에서 소니 디스크 맨의 플레이 버튼을 눌렀다. 범상치 않은 인트로가 잠시 흘렀다.
 Bang! 상준의 말이 맞았다. 환상이었다. 동시에 그의 말은 틀렸다. 기타만 환상이 아니라 모든 파트의 연주가 환상이었다. 쫄깃쫄깃 귀에 착 달라붙는 멜로디와 여타 헤비메탈 밴드와는 확연하게 구분되는 펑키한 비트란! 나도 모르게 몸을 흔들며 익스트림의 노래에 빠져

들고 있었다.

그리고 기타 솔로가 나왔다. 뭐라고 표현해야 좋을까? 몸을 감아 든다고 해야 하나? 섹시, 육감적이라는 단어가 잘 어울리겠다. CD 부클릿을 뒤져 기타리스트의 이름과 사진을 확인했다. 누노 베텐커트(Nuno Bettencourt; 이하 누노). 희한한 이름이었다. 그리고 세바스찬 바흐(스키드 로우의 보컬리스트, 당시 꽃미남으로 인기가 많았던) 뺨치는 외모는 뭐람?

나는 누노가 슬래쉬보다 낫다는 상준이의 말에 동감했다. 물론 지금은 슬래쉬가 훨씬 좋지만, 한동안 누노는 최고의 기타리스트였다.

익스트림 음악을 특별하게 만드는 1,2등 공신은 누노의 기타 플레이와 대담한 혼 섹션이라고 본다. 누노의 기타는 단순히 리프와 솔로를 연주하는 수준 이상이다. 그는 기타로 베이스를 연주하고 드럼을 연주한다. 리듬 파트가 맡는 역할까지도 넘나든다는 말이다. 다른 메탈 밴드에서는 잘 쓰지 않는 혼 섹션의 경우(간혹 있기는 하다), 펑키하고 흥겨운 노래들의 에너지를 더 배가시키는 역할을 한다.

익스트림은 보컬리스트 게리 셰론(Gary Cherone), 드러머 폴 기어리(Paul Geary), 기타리스트 누노 베텐커트의 멤버로 1985년 매사추세츠주 보스턴에서 결성되었다. 1986년에 베이시스트 팻 배저

Extreme

(Pat Badger)가 합류하면서 4인조 밴드의 모습을 갖추었다.

 셀프 타이틀 데뷔 앨범인 EXTREME을 89년에 발표했다. 지금 들어 봐도 분명히 개성 있는 연주를 보여줬음에도 불구하고 곡의 면면이 유치했달까? 그다지 큰 주목을 끌지는 못했다.
 그리고 이듬해 그들을 새로운 록스타로 만든 앨범 〈Pornograffitti〉를 내놓았다. 그야말로 일취월장. 한곡도 버릴 곡이 없이 매력적인 노래들로 채웠다. 연주와 노래 모두 완벽했다. 특히 어쿠스틱 발라드 〈More than words〉와 〈Hole Hearted〉가 각각 빌보드 싱글 차트 1위와 4위에 오르면서 판매량을 끌어 올렸다.
 그들은 인기와 수입 모두 수직상승의 그래프를 그리며 성공 가도를 달렸다. 그러나 너무 늦었다. 불세출의 역작 〈Pornograffitti〉가 나온 바로 다음 해인 1991년에 Nirvana의 〈Nevermind〉 앨범이 나오면서 록씬은 얼터네티브 록의 물결에 휩쓸렸다. 얼터네티브가 아닌 그 어떤 장르의 록도 거부당하는 현상이 벌어졌다. 단순한 유행의 바뀜이 아니었다. 그건 마치 냉전시대의 숙청과도 같았다. 오죽하면 헤비메탈의 상징 메탈리카가 변절했을까?

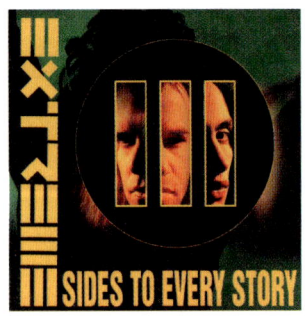

익스트림은 1992년에 3집 〈Ⅲ Sides To Every Story〉를 발표했다. 'Yours', 'Mine', 'The Truth' 등 총 3부작으로 구성한 앨범에는 오케스트라를 적극적으로 도입하고 전작보다 더 수준 높은 작곡 실력을 선보였다. 그러나 대세를 거스를 수는 없었다. 평론가들의 호평에도 불구하고 앨범은 100만 장도 팔지 못하는 초라한 성적을 거두었다.

Extreme

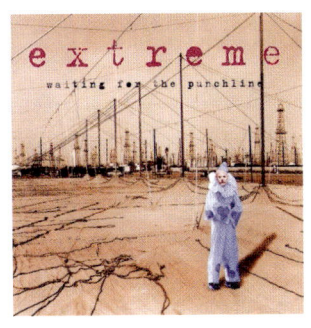

3년 뒤 얼터네티브 록의 영향을 강하게 받은 4집 앨범 〈Wating For The Punchline〉을 선보였다. 익스트림의 고유한 음악적 노선과 얼터네티브 록의 절충점을 찾기 위해 고심하고 공들인 티가 팍팍 나는 작품이다. 나쁘게 말하면 애매하지만 좋게 말하면 묘한 느낌의 트랙들이 가득하다. 그러나 대중들의 반응은 냉담했다. 결국 보컬리스트 게리 셰론이 자신의 우상이었던 밴드 Van Halen의 보컬로 가입하면서 익스트림은 해체를 맞았다.

그리고 긴 빙하기가 있었다. 다른 헤비메탈 밴드들과 마찬가지로 '활동'이라는 표현을 쓰기에도 민망한 활동을 근근이 이어가며 10년이 넘는 휴지기를 견뎌냈다.

해체한 지 10년이 넘는 세월이 흐른 뒤 익스트림은 재결성되었다. 그리고 2008년 5집 앨범 〈Saudades De Rock〉을 발표하고 왕성하게

공연 활동을 펼치는 중이다. 물론 인기는 예전만 못하다. 팬들의 기반도 추억을 회상하는 올드 팬들이 대부분이고.

스쿨 밴드에서 그들의 노래 〈Suzi〉를 커버한 인연 외에도 익스트림과 얽힌 추억이 많다. 첫 연애가 허무하게 끝난 뒤 몇 달 안 지났을 때다. 앞에 Guns and Roses 챕터에서 말한 '사고'가 터졌다. 정학을 당하고 갈팡질팡하고 있을 때 착하고 귀여운 소녀가 내 손을 잡아주었다. 같은 학교에 다니던 동갑내기 그녀는 헤비메탈과는 아무 연관성이 없는 다소곳한 여학생이었다.

교복 위에 옅은 색의 카디건을 즐겨 입었고 천으로 만든 게스 숄더백을 책가방으로 메고 다녔다. 작고 말간 얼굴에 머리는 항상 뒤로 질끈 묶어 볼록한 이마를 드러냈다. 전혀 내가 좋아하는 타입이 아니었는데

Extreme

(나 역시 그녀가 좋아할 만한 남자는 아니었겠지만) 우리는 아주 빠른 속도로 사랑에 빠졌다.

 우리는 평일에는 같이 자율학습을 하고 주말이면 국기원 도서관에서 함께 공부하면서 틈틈이 데이트를 즐겼다. 오직 10대에만 가능한 유치찬란하고 어이없을 정도로 순수한 연애였다. 너무나도 단아한 그녀의 태도에 나까지 정화되는 기분, 동심으로 돌아가는 기분이 들었다.

 음악을 좋아했던 나는 수많은 그룹의 노래를 그녀에게 들려주었지만 그녀는 모두 시끄럽다며 고개를 내저었다. 그런데 오직 익스트림의 노래에 번쩍 눈을 뜨며 관심을 보였다. 얼마나 반가웠던지. 우리는 종종 이어폰을 한쪽씩 나눠 끼고 익스트림의 노래를 들었다. 그러면서 나누던 키스는 얼마나 달콤했는지.

 그녀가 아니었다면 난 마음을 다잡지 못하고 아예 엇나가버렸을지도 모른다. 감사한 인연이었다.

 그 시절 낯간지러운 고딩 연애의 성격을 가장 잘 보여주는 예를 하나 들자면 연애편지일 거다. 내가 그녀에게 써준 시가 얼핏 기억난다. 아마 독서실 책상에 있던 낙서를 보고 힌트를 얻어서 쓴 시로 기억하는데 대충 다음과 같다. 웃거나 토하지 마시길.

국어시간에는 너의 이름으로 삼행시를 짓고

수학시간에는 사랑의 방정식을 풀고

영어시간에는 너에게 제일 잘 어울리는 영어 이름을 생각해.

독일어시간에는 이히 리베 디히 책상에 낙서를 하고

지리시간에는 우리가 함께 다녔던 곳을 떠올리고

역사시간에는 우리가 함께했던 추억을 떠올려봐.

생물시간에는 너의 신체구조가 궁금하고

물리시간에는 우리의 스킨십을 연구하고

화학시간에는 사랑이라는 호르몬을 연구해.

체육시간에는 너의 가슴둘레를 직접 재 보고 싶고

기술시간에는 우리가 살 집을 설계해봐.

그리고 문학시간에는 이 시를 써.

사랑해.

20살이 넘어서는 쓰기도 받기도 힘든 시(감히 시라고 말하기엔 시인들께 죄송하지만)인데 고딩 시절엔 뿌듯하게 한 글자 한 글자 눌러 써서 전해주었고 또 답장이 왔다. 이 시에 대한 답시는 없었던 걸로 기억한다. 다만 과분한 찬사를 받고 으쓱했던 기억이 난다.

나이가 든 뒤 그 편지를 떠올리면 민망해서 기억에서 지우고 싶었는데 최근에서야 깨달았다. 바로 그런 게 사랑, 적어도 남자와 여자가 하는 사랑의 참모습임을.

-보고 싶고 만지고 싶고 기꺼이 유치해지고 또 기꺼이 유치함을 받아주는 것.

단순하지만 이것이 지금까지 사랑에 대해 내가 아는 유일한 진실이다. 세월의 무게가 쌓인 정이나 생활의 편의와 세속적인 윤리관이 얽힌 계약관계와는 다른, 순수한 사랑의 정수.
신뢰와 존경도 사랑에 필요하지 않냐고? 그건 본질이 아닌 다음 차원의 문제다. 연인이나 부부로 일정 시간 이상을 함께 한 이후에 논해야 할 문제. 게다가 신뢰와 존경은 만나본 적도 없는 백범 김구 선생이나 마더 테레사에게도 느낄 수 있잖나?

어쩌면 내 인생에서 가장 순수했던 1년을 함께 해준 익스트림, 고마워요. 그리고 지금은 먼 나라에서 다른 사람의 아내로, 한 아이의 엄마로 잘살고 있는 그녀에게도, 고마워요.

이PD의 Extreme 추천곡

More than Words / 미국에서도 빌보드 차트 1위를 하고 한국에서도 '한국인이 가장 좋아하는 팝 00곡' 등등의 조사를 하면 항상 수위에 랭크되는 러브송. 내가 기타를 치며 부를 수 있는 몇 안 되는 노래 중 하나이기도 함. 누노가 왜 당대 최고의 꽃미남 기타리스트인지 (본조비의 리치 샘보라와는 차원이 다른) 고개를 끄덕이게 만드는 뮤직 비디오를 강추한다. 당장 검색해 볼 것. 어서. 빨리. 허리업.

심하게 꽃미남이신 누노 형의 전성기 모습.

Get the Funk Out / 그들의 음악 성향을 가장 잘 드러내 보이는 노래. 익스트림이 모델로 삼았던 선배 밴드는 그룹 퀸(Queen)과 밴 헤일런이었다. 인터뷰에서도 종종 밝혔고 음악을 들어봐도 쉽게 두 선배 그룹의 영향을 느낄 수 있다. 멜로딕하고 폭넓은 퀸의 작법과 테크닉을 앞세우면서도 듣는 사람을 부담 없이 자극하는 밴 헤일런의 연주 패턴을 본받고 있다.

Tragic Comic / 1992년에 발표한 3집 〈Ⅲ Sides To Every Story〉에 수록된 곡. 당시 얼터네이브 록이 아니라는 이유로 수많은 헤비메탈 그룹들이 고초를 겪었고, 정말 괜찮은 앨범들이 묻혀 버렸는데 그중에서도 제일 아까운 앨범이라 하겠다. CD의 한계 시간을 꽉 채운 트랙들은 다양할 뿐 아니라 하나하나 모두 매력적이다.

When I First Kissed You / 〈More than Words〉, 〈Song for Love〉와 함께 익스트림의 3대 러브송으로 꼽히는 노래. 이건 록발라드라고 할 수 없다. 피아노와 스트링 세션 위에 펼쳐지는 개리 셰론의 아름다운 보컬은 노래 가사에도 있듯 뉴욕 엠파이어 스테이트 빌딩에서 바라보는 야경처럼 아름답다. 사전 정보 없이 들으면 재즈 아티스트의 노래로 착각할 정도다.
 가사 이야기가 나왔으니 말인데, 고딩들의 풋풋한 사랑처럼 간지러운 가사도 꼭 찾아보시라. 막 사랑에 빠진, 바보 같은 연인들의 두근거림이 절절하게 전해진다.

He Man Woman Hater / 기타를 배우면서 헤비메탈 그룹의 노래들을 카피해보면 진짜 어렵게 들리는 데 의외로 치기는 쉬운 노래가 있고 따라치기 쉬워 보이는데 막상 악보를 보면 기가 딱 막히는 경우가 있다. 메탈리카와 메가데스가 전자와 후자라고 보면 된다. 그런데 익스트림은 듣기에도 어려워 보이고 카피하기도 장난이 아니다. 특히 기타 파트가 그렇다. 특히 이 노래는 앞에 붙어 있는 누노의 솔로 연주 때문에라도 100% 카피하는 게 불가능에 가깝다. 그나마 익스트림의 노래 중에 제일 기타가 쉬운 노래가 〈Suzi〉와 〈More Than Words〉 정도일 거다. 내가 연주했을 정도니까. 누노 베텐커트의 기타 솜씨를 확인하고 싶다면 바로 이 노래 추천.

공연 중인 누노 형의 멋진 모습 한 컷 더. 저 머릿결 어쩔 거냐.

Stop the World / 익스트림의 작곡 능력이 무한 확장되었음을 보여주는 노래. 아름답고 여유롭다. 동시에 조금 쓸쓸하기도 하다.

Extreme

이PD의 Extreme 번외편

Crave - Nuno Bettencourt

누노 베텐커트의 솔로 앨범에 있는 발라드. 앨범의 전체적인 완성도는 고개를 갸웃하게 만들었지만 이 노래만큼은 다들 열광했었다. 재킷의 아름다운 금발 머리 아가씨는 다름 아닌 누노 본인이 여장한 모습. 이마저도 퀸의 영향을 받은 건지.
참고로 누노는 노래도 꽤 잘 부른다. 〈More than Words〉 같은 노래는 누노의 화음이 절대적이다. 그 뒤로도 솔로 앨범과 프로젝트 그룹을 간간이 했는데 영 시원찮긴 했다. 90년대는 헤비메탈의 빙하기였으니까.

More than Words - Westlife

지명도나 판매량으로 보자면 익스트림보다 10배쯤 더 유명하고 잘 팔리는 보이 밴드 웨스트 라이프의 데뷔 앨범에 있는 노래. 과감하게 빌보드 차트 1위까지

한 익스트림의 노래를 리메이크했는데 제법 잘했다. 이미 이때부터 싹수가 보였달까. 그 뒤로 웨스트 라이프는 매 앨범에서 리메이크를 선보였고 결국 리메이크 앨범까지 냈다.

Without You - Van Halen

익스트림이 사실상 해체된 후 보컬리스트 개리 셔론은 대놓고 존경해마지 않았던 아메리칸 록의 자존심 Van Halen의 보컬리스트로 영입되었다. 당시 Van Halen은 데이비드 리 로쓰에 이은 2대 보컬리스트 새미 헤이거가 탈퇴하고 보컬 자리가 공석인 상태였다. 둘의 만남은 환상적인 조합처럼 보였다. 그러나 좋은 남자와 좋은 여자가 결혼한다고 좋은 부부로 남는 것이 아니잖는가?
통상 11번째 앨범이었던 〈Van Halen Ⅲ〉(3대 보컬리스트인 개리 셔론의 영입을 염두에 둔 제목이리라) 발표를 앞두고 밴 헤일런 쪽에서는 핑크 플로이드의 완성도를 넘보는 밴 헤일런 최고의 걸작이 탄생했다며 흥분했는데 실상은 처참했다. 평론가들과 대중 모두가 외면하면서 이 앨범은 밴 헤일런 최악의 판매량을 기록했다.

Extreme

결국 개리 섀론은 이듬해 해고당했고 밴 헤일런 역시 이 앨범을 끝으로 개점 휴업 상태로 지내고 있다. 그룹의 핵심인 기타리스트 에드워드 밴 헤일런이 암으로 투병 중이기 때문이다. 빨리 쾌유하기를 빈다. 데이비드 리 로스 형님과 함께 재결성하시길!

정말 미안하지만 이 앨범에서는 들을 만한 노래가 별로 없다. 이 노래 정도가 그나마 타이틀곡이어서 제일 낫달까. 그래도 자신의 영웅과 함께 작업했던 개리 섀론은 열심히 노래하고 있다. 그래서 더 안쓰럽지만.

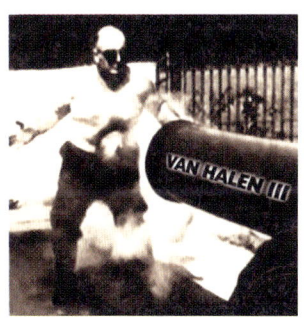

/ 헤비메탈이여 안녕

막 고등학교 2학년에 올라가던 때로 기억한다. 1992년 초. 슬슬 공부를 멀리하면서 매일 같이 학교 앞 단골 레코드 가게 '상아레코드'에 들리던 시절이었다. 언젠가부터 시선을 끄는 앨범 재킷이 있었다. 화려한 일러스트를 앞세우던 헤비메탈 음반과 다른 심플한 느낌이어서 눈길을 끌었으리라.
너바나? 신인 밴드인가 보군. 라디오에서 얼핏 노래를 들은 기억도 났다. 그래도 별로 사고 싶은 생각은 없었다.

"들어봐. 진짜 끝내주더라."
강수지를 닮은 외모로 압구정 고등학교 남학생들의 마음을 설레게 했던 상아레코드 점원 누나가 적극적으로 권해준 덕분에 앨범을 사서 집에 왔다. CD를 사기엔 돈이 아까워서 3,000원이 조금 넘는 가격의 라이센스 LP를 샀다. 엄마가 볼일을 보러 나간 사이 앨범을 턴테이블에 걸었다.

어? 이건 뭐지?

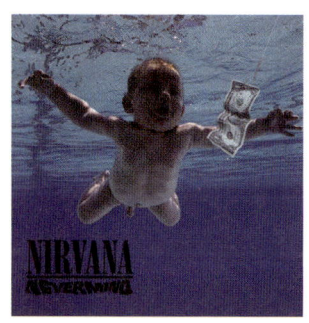

분명히 달랐다. 짱짱한 기타리프도, 고음의 보컬도, 화려한 솔로 연주도 없었다. 그냥 야생의 열정과 분노가 들끓는 음악이 있었다. 좋긴 한데...... 본능적인 거부감이 가로막았다. 지금 생각해 보건데, 이방인을 경계하는 심리와도 같았으리라. 나를 행복하게 해주던 헤비메탈 음악과 너무나도 달랐으니까.

그러면서도 LP를 테이프에 녹음해서 자주 들었다. 자꾸만 손이 가는 음악이었다.

나는 몰랐다. 아무도 몰랐다. 그 앨범이 향후 10년 이상 전 세계 록 씬을 지배하는 바이블이 될 줄은. 그리고 이 앨범의 주인공 커트 코베인이 그렇게 짧은 생을 마치고 가버릴 줄은.

너바나의 역사는 1987년으로 거슬러 올라간다. 워싱턴 주(州)의

애버든에서 보컬 겸 기타를 맡은 커트 코베인(Kurt Cobain)과 베이시스트 크리스 노보셀릭(Krist Novoselic)이 결성했다. 초반에는 드러머가 여러 번 바뀌었는데 이후 드러머 데이브 그롤(Dave Grohl)이 자리를 잡으면서 밴드는 안정을 찾았다.

1989년에 발표한 데뷔 앨범 〈Bleach〉다. 이 앨범의 제작 과정을 살펴보면 너바나라는 밴드의 태생이 어떠했는지 이해가 쉬울 듯하다. 〈Bleach〉는 마이너 레이블인 Sub Pop에서 발매되었다. 그 당시 너바나는 시애틀의 동네 클럽 무대에나 오르는 전망 없는 젊은이들이었다. 그들은 자비로 마련한 600달러로 Sub Pop의 녹음실을 빌렸다. 30시간도 채 안 되는 총 시간에 딱 2회에 걸친 세션. 스튜디오에서 펼치는 라이브 공연을 트랙에 담는 방식으로 앨범을 녹음할 수밖에 없었다.

지금도 이 앨범을 들어보면 날것의 비린내가 넘실댄다. 거칠고 단순하기 이를 데 없는 재킷 사진의 이미지와 정확히 부합한다. 오버더빙은 없다. 목소리도 하나, 기타도 하나, 베이스도 하나, 드럼도 하나. 연주한 그대로를 앨범에 담았다.

시작은 그랬다. 비록 잡음투성이 형편없는 품질의 레코드였지만 새로운 기운을 감지한 사람들이 있었다. 소닉 유스의 매니저가 너바나의 가능성을 엿보고 메이저 레이블인 게펜(Geffen)사와의 계약을 추진해주었다. 바로 다음 단계에서, 그들은 모두가 예상하는 한 발 전진이 아닌 이카루스의 비상을 이루어냈다.

엔지니어 부치 빅(Butch Vig)의 컨트롤 아래 데뷔 앨범과는 비교도 안 되는 좋은 상황에서 제작한 2집 〈Nevermind〉는 기존의 어떤 밴드도 한 적 없는 음악을 선보였다. 굳이 원류(原流)를 찾자면 70년대 펑크 록의 정신과 블랙사바스의 암울하고 무거운 리프, 그리고 사이키델릭 록에서 영향받은 노이즈가 결합했달까. 아니다. 이 정도 되면 오리지널이라는 말을 붙일 수 있다.

당시 게펜 레코드에서는 10만 장쯤의 판매량을 예상했다고 한다. 그러나 이 앨범은 입소문을 타고 미친 듯이 팔려나갔다. 타이틀곡인 〈Smells Like a Teen Spirit〉은 라디오에서도 MTV에서도 끊이지 않고 틀어댔다. 이 엄청난 앨범을 만들었을 때 커트 코베인의 나이가

Nirvana

겨우 24살이었다. 드러머 데이브 그롤은 스무 살.

일종의 전염이었다. 백신이 없는 신종 바이러스. 너바나의 음악은 이전까지 록씬을 점령하고 있던 헤비메탈의 공룡들을 단박에 죽여버렸다. 머틀리 크루, 스키드 로우, 건즈 앤 로지즈, 신데렐라, 워런트, 익스트림, 포이즌…… 나의 우상들이 전부 다 쓰러졌다.

그런 혁명적인 상황을 보면서 나는 묘한 감정에 사로잡혔다. 18살, 한참 들끓던 혈기는 기다렸다는 듯 너바나의 노래에 반응했지만 동시에 헤비메탈의 몰락을 보며 야속하기도 했다.

너바나의 뒤를 이어 쟁쟁한 얼터너티브 밴드들이 등장했다. 너바나와 함께 '그런지 록'(Grunge Rock) 4인방으로 불리는 펄 잼(Pearl Jam), 앨리스 인 체인스(Alice in Chains), 사운드가든(Soundgarden).

곧이어 하드 코어라는 장르를 표방한 그룹들이 등장했다. Rage Against the Machine(이하 RATM)과 Korn. 이들은 시애틀 출신의 그런지 록 그룹들과 음악적인 사촌 간이면서, 기존의 스래쉬 메탈 사운드를 대체하는 얼터너티브(대안)이었다.

새로운 밴드들이 챠트와 라디오, 라이브 클럽 무대까지 모조리 점령했다. 혁명이었다. 반동분자는 즉결처형당하는 식의 쿠데타.

〈Nevermind〉앨범만큼이나 큰 반향을 몰고 온 RATM의 데뷔 앨범. 충격적인 재킷 사진은 연출이 아닌 실제 기록 사진이다. 1960년대 남베트남 미국 대사관에서 자신의 몸에 불을 지르고 소신공양한 대승려 틱꽝뜩 (Thick Quang Duc)의 사진. 퓰리처상까지 수상한 바 있는 사진에는 미국의 제국주의 정책에 반대하는 남베트남 불교계의 결연한 의지가 잘 드러나 있으며 동시에 RATM이 추구하는 음악적 노선을 보여준다.

나는 반항심에 얼터너티브 록 음악과 헤비메탈 음악을 동시에 들으려고 했다. 균형을 잡으려고 애썼다. 그런데 문제는 헤비메탈다운 헤비메탈 음악이 나오지 않았다는 거다. 다들 살아남기 위해 얼터너티브 사운드를 도입한 어정쩡한 앨범을 들고 나왔다. 변절자들!

대중은 냉혹했다. 결국 짝퉁 얼터너티브 음악을 하던 헤비메탈 밴드들은 해체의 수순을 밟았다. 아마 건즈 앤 로지즈가 지조 있는 이미지를 구축한 것도 어정쩡한 앨범을 내지 않고 바로 활동을 중단했기 때문일 지도 모른다.

너바나는 얼터너티브 록의 수장으로 추앙받으며 단숨에 세계에서 가장 유명한 록밴드가 되었다. 〈Nevermind〉앨범은 2천만 장이 넘게 팔렸고 그들의 공연은 모조리 매진이었다. 부와 명예를 동시에 거머쥔 커트 코베인은 커트니 러브와 결혼해서 딸을 출산했다.

Nirvana

아이의 푸른 눈동자가 인상적이다. 사진에서 보이듯, 코트니 러브가 커트 코베인보다 10센티 가까이 더 크다.

음악적으로도 너바나는 바쁜 행보를 멈추지 않았다. 세계를 누비며 공연을 펼쳤고 1992년에는 미발표 곡들을 모은 성격의 앨범인 〈Insecticide〉를 발표했다.

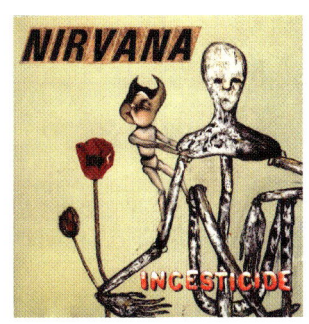

이듬해인 1993년에는 정규 앨범인 〈In Utero〉를 발매했다. 〈Insecticide〉와 이 앨범의 묘한 재킷은 커트 코베인이 직접 그린 그림이다. 그는 어린 시절부터 그림에 재주가 있었다고 한다. 그림

속에도 그의 묘한 정신세계가 고스란히 드러나 있다.

커트 코베인은 전 세계 젊은이들을 팬으로 거느린 밴드의 리더였으며 섹시한 아내와 예쁜 딸을 둔 한집안의 가장이었다. 그러나 바로 성공과 안정이라는 지점에 존재론적인 모순이 있었다.

커트 코베인은 반항적인 영혼의 소유자였다. 어린 시절 부모의 이혼으로 여기저기 떠돌면서 가난하고 외로운 성장기를 보낸 그는 기성세대와 사회의 질서에 대해 거부하는 태도를 존재의 근거로 삼았다. 그가 만들어내는 노래 역시 마찬가지였다. 그런데 아이러니하게도 그가 조롱하고 부정한 현실세계가 그를 우상으로 떠받들기 시작한 것이다. 성공하면 성공할수록 존재론적인 괴리는 커져갔다.

그는 성공의 매 순간을 괴로워했다. 기행이 늘어갔다. 술과 마약에

빠지고 공연장에서는 기타를 부수기 일쑤였고 방송국 카메라에 침을 뱉기도 했다. 메인스트림을 향한 거부의 몸짓이었음에도 불구하고 대중은 그런 모습에 오히려 더 열광했다.

그리고 그가 사랑했던 여자 커트니 러브 또한 그런 그를 따스하게 품어주고 상처를 치유해줄 인물이 아니었다. Hole이라는 그룹의 리더였던 그녀 역시 심각한 마약중독자였고 그녀의 부모조차 치를 떠는 '허영심 많은 못 말리는 거짓말쟁이'(그녀의 친부모가 공식적인 인터뷰에서 이렇게 표현하곤 했다)였던 것이다.

겉으로 보기에 커트 코베인은 모든 것을 다 가진 록스타였으나 그의 영혼은 외롭게 무너지고 있었다. 결국 그는 1994년 4월 8일 시애틀에 있는 자기 집에서 시체로 발견되었다.

그의 시체를 처음 발견한 사람은 경비 업체 직원이었다. 발견 당시 레밍턴 20구경 엽총이 그의 가슴에 얹혀 있었고 총구는 턱을 겨눈 상태였다고 한다. 부검 결과 그의 시신에서는 치사량의 3배에 가까운 헤로인이 검출되었다.

전 세계 대중음악의 흐름을 바꿔 놓은 로커, X세대의 영원한 아이콘, 170cm의 키에 왜소한 체격이었으나 무대 위에서는 어떤 로커보다도 커 보였던 커트 코베인은 그렇게 세상을 떠났다.

그의 죽음에 대해서는 의견이 분분하다. 심지어 타살이라는 증거를 조목조목 설명한 책도 나와 있을 정도니까. 가장 유력한 배후로 지목된 사람은 다름 아닌 아내 커트니 러브.

그녀 역시 커트 코베인 못지않은 기행과 마약 중독, 그리고 문란한 생활로 악명 높았던 여자였다. 주변 사람들의 증언에 따르면 커트 코베인과 이혼 준비 중이었으며 막대한 재산을 놓고 재산 분할과 위자료 문제로 싸웠다는 이야기도 전해진다.

게다가 커트 코베인의 사체에서 검출된 헤로인으로 미뤄볼 때 제대로 총을 겨누고 발사할 가능성도 희박할뿐더러 엽총에서 어떤 지문도 발견되지 않았다는 점도 타살 의혹을 증폭시켰다. 누군가 지문을 닦는 과정에서 커트 코베인의 지문까지 함께 지워졌다는 논리다.

나는 잘 모르겠다. 현장에 있던 유서의 몇몇 부분을 인용해본다.

Nirvana

우리가 무대 뒤에 있고 쇼를 알리는 표시로 객석의 불이 꺼지고 관객들의 열광적인 환성이 들리기 시작해도 나는 더 이상 감동이 없다. 프레디 머큐리처럼 무대를 사랑하고 관객들이 바치는 애정과 숭배를 진심으로 받아들이는 일이 나에겐 불가능하다. 움직일 수 없는 사실은 여러분들을 속일 수 없다는 것이다. 누구 한 사람 속이고 싶지 않다. 그런 짓은 여러분들에게도 나에게도 공정하지 못하다. 내가 생각할 수 있는 최악의 범죄는 마치 내가 100퍼센트 즐기고 있는 것처럼 행동하며 사람들에게 돈을 뜯어내는 일이다.

...중략...

즐거웠다. 매우 좋은 인생이었다. 크게 감사하고 있다.
일곱 살 이후, 인간 전부에 대해 증오를 갖고 살았다. 사람들이 너무도 쉽게 타협하고 서로 공감한다고 착각하기 때문이다. 공감! 내가 너무나도 모두를 사랑하고 미안한 기분을 느끼고 있기 때문에 공감한다고 느끼는 것이겠지. 지난 몇 년간 편지를 보내주고 염려해 주었던 모든 이들에게 진 무릎, 토할 것 같은 뱃속 바닥에서부터 감사를 표하고 싶다.

...중략...

나는 손 쓸 방법이 없을 정도로 정상을 벗어난 변덕쟁이 갓난아기다. 이미 나에게는 정열이 없다. 그리고 기억해 주기 바란다. 힘없이 사라지는 것보다 순식간에 타오르는 것이 낫다는 것을.

Peace, Love, Empathy. Kurt Cobain

프랜시스 그리고 커트니, 나의 모든 것을 그대들에게 바친다. 계속 전진하길 커트니. 프랜시스에게 건배. 내가 없다면 더욱 온화하고 행복해질 그녀의 인생을 위해.

I LOVE YOU, I LOVE YOU!

Nirvana

위에 밑줄 친, 추신에 해당하는 부분의 필체가 다르다는 필적 전문가의 감정 결과가 있었다. 내가 봐도, 아니 누가 봐도 글자도 훨씬 크고 필체가 달라 보이긴 한다.

내 생각은 이렇다. 평소에도 자살에 대해 자주 말하고 했던 커트 코베인을, 마약에 잔뜩 취한 상태를 틈 타 누군가 죽였다. 누가? 여러분들이 짐작하는 대로. 물론 이미 밝혀진 증거들을 토대로 추론해 본 수많은 가설 중 하나에 지나지 않으니 FBI에 연락하진 마시길.

다만 유서의 마지막 부분, 아내와 딸에게 남기는 부분은 차라리 위조이길 바란다. 저토록 사랑하는 아내와 딸을 두고 자기 손으로 목숨을 끊었다면, 너무 슬프지 않은가?

커트 코베인의 죽음은 오래전 세상을 떠난 록스타들의 죽음과 묘하게 겹치는 부분이 있다. 먼저 60년대 록의 태동기를 주도했던 위대한 '3J'가 있다. 재니스 조플린(Janis Joplin), 짐 모리슨(Jim Morrison, The Doors), 지미 핸드릭스(Jimi Hendrix). 세 명 모두 공교롭게도 27살의 나이에 세상을 떠났다. 커트 코베인 역시 27살에 스스로 목숨을 끊었다. 소름 돋지 않나? 어쩌면 그는 처음부터 27살까지만 살고 싶었던 것일까?

커트 코베인이 죽던 날, 나는 놀러 다니느라 정신없던 대학교 신입생이었다. 사람이라기보다는 개(犬) 쪽에 더 가까운 생활을 하던. 한참 날 좋은 4월의 어느 날 K군과 L군과 함께 커트 코베인을 추억하며 강남역의 한 리퀘스트 바에서 술을 마셨다. 그날 밤 나는 비로소 헤비메탈과 안녕을 고했다.

그날 이후로 나는 근 10년 이상 헤비메탈을 듣지 않았다. 대신 헤비메탈을 제외한 다른 모든 장르의 음악을 즐겼다. 60,70년대 록음악, 모던록, 하드 코어에도 열광했다. 그러나 헤비메탈만큼은 듣지 않았다. 일부러 그런 것도 아닌데도 손이 가지 않았다. 다시 헤비메탈을 듣기 시작한 계기는 몇 년 전부터 제대로 된 스래쉬 메탈 앨범이 하나 둘씩 나오면서다.

Exodus, Testament, Megadeth 같은 노장들이 팔팔한 새 앨범을 선보였고 노골적으로 헤비메탈의 적자임을 선언한 Trivium 같은 밴드도 있었다. 안타깝게도 헤비메탈의 양대 축이라고 할 LA METAL 쪽에서는 새로운 유망주가 등장하지 않고 있다. 하긴 LA METAL은 이미 80년대의 음악으로도 충분하다.

그리고 여담 몇 가지. 먼저 다음 사진을 보자.

사진의 주인공은 스펜서 엘든. 스토리는 다음과 같다. 1991년 7월

Nirvana

9일에 태어난 그가 생후 4개월 때 물속에서 눈을 뜨고 수영하는 모습을 사진작가가 촬영해 커트 코베인에게 보여 주었다. 커트 코베인은 흡족해했고 스펜서는 록 역사상 가장 유명한 앨범 재킷 중 하나의 주인공이 된 것이다.

스펜서의 부모는 당시 200달러를 받고 촬영에 동의했다고 한다. 낚싯바늘에 꿴 돈은 합성으로 처리한 그림. 이 친구도 이제 어엿한 성인이겠구나. 너바나를 좋아하려나?

하나 더. 커트 코베인의 최후에 대해 궁금한 분들에겐 영화 〈Last Days〉를 추천한다. 재미있냐고? 무척 지루하고 답답한 영화라고 개인 평을 하겠다. 다만 담담하게 커트 코베인의 마지막 순간을 되짚어 보기엔 그만이다.

포스터에 보이듯 구스 반 샌트 감독의 영화입니다.
대충 사이즈 나오지요?

다음은 섹스 피스톨즈, 그리고 시드 비셔스 이야기.
 섹스 피스톨즈는 딱 한 장의 앨범만 내고 2년 반만 활동했지만 '펑크(Punk)'라는 문화를 만든 장본인이다. 그중에서도 록 역사상 가장 형편없는 실력의 베이시스트로 악명 높았던 시드 비셔스는 그야말로 삶 자체가 펑크였던 인물이다. 그는 커트 코베인을 이해하기 위한 중요한 선례라고 하겠다.

Nirvana

시드 비셔스의 삶 또한 커트 코베인의 인생처럼 짧고 더럽고 강렬하고 걷잡을 수 없었다. 아무 희망도 없는 인생을 살던 그는 20살 때 섹스 피스톨즈의 1집 앨범에 참여한 뒤 단번에 영국 젊은이들의 우상이 되었다.

 그는 감당할 수 없는 성공과 기대, 그리고 역할을 부정하려고 했다. 자연스럽게 술과 마약, 그리고 자해 같은 기행을 일삼으며 자기 파괴의 과정을 거쳤다.

 결국 시드는 자기 입으로 '죽도록 사랑한다.' 라던 연인 낸시를 마약에 취해 칼로 찔러 죽이고 (이 부분 역시 커트 코베인의 자살처럼 명확하지 않는데 진범이 따로 있다는 설도 있다) 헤로인 과다복용으로 죽었다. 그때 나이 23살.

주변 사람들이 뜯어말리는 여자와 징글징글하게 연애했다는 점과 사후에 짧은 생애를 재조명한 영화가 나왔다는 점도 공통점이다.

실제로 무대에서 얼굴과 몸을 칼로 그어 피투성이 상태로 공연하곤 했다.

커트 코베인의 〈Last Days〉는 좀 난해하지만 이 영화는 재밌다. 절망적인 정서가 가슴을 무겁게 하지만, 특히 주연을 맡았던 개리 올드만은 정말 시드 비셔스가 살아난 것 같다는 평을 받았다. 내가 봐도 진짜 펑크 로커 같은 연기를 펼친다.
시드와 낸시의 실제 사진과 비교해 봐도 재미있을 듯.

사실 섹스 피스톨즈는 연주 실력도 형편없는 수준이었고 달랑 앨범 한 장만 발표하고 해체했으니 알려진 노래도 몇 곡 없다. 그러나 그들

에게 영향 받은 수많은 밴드들이 '펑크록'이라는 장르를 이뤄냈다. 사운드 면에서야 Clash가 펑크의 틀을 잡았다고 하겠지만 정서와 정신의 면으로 보면 역시 섹스 피스톨즈가 오리지널 펑크다. 너바나 역시 여러 면에서 많은 영향을 받은 것으로 보인다.

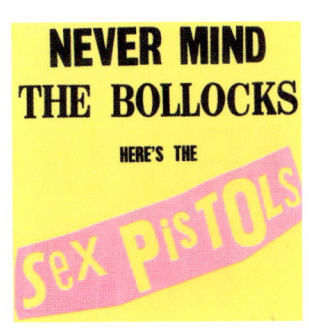

1977년에 발표한 섹스 피스톨즈의 유일한 정규 앨범. 재킷부터가 그냥 펑크다.

문득 커트 코베인의 유서 마지막 부분이 떠오른다. 적어도 로커의 삶에 있어서는 그의 말은 진실이다. 다만 자살밖에 방법이 없었나 하는 생각은 든다. 밴드를 그만두고 다른 삶을 살 수는 없었을까? 그의 영혼은 안일하고 평화로운 삶을 허락하지 못했던 걸까?

기억해 주기 바란다.
힘없이 사라지는 것보다 순식간에 타오르는 것이 낫다는 것을.

Nirvana

이PD의 Nirvana 추천곡

Come As You Are / 사실 〈Nevermind〉 같은 앨범은 안에 있는 트랙보다도 앨범 전체를 관통하는 정신을 느껴야 제 맛이다. 첫 곡인 Smells Like Teen Spirit부터 마지막 곡 Something in the Way까지 버릴 곡이 하나도 없으니. 굳이 이 노래를 꼽은 이유는 록을 싫어하는 사람들도 부담 없이 들을 수 있다는 점에서. 사운드는 다른 곡보다 부드럽지만 불끈거리는 에너지는 노래 곳곳에 묻어 있다.

이 노래는 내가 대학 들어와서 활동했던 밴드 LSD에서 카피했던 노래이기도 하다. 압구정 로데오 골목에 있던 Rock Me Amadeus라는 라이브 클럽에서 공연도 했었는데. 록필 충만했던 내가 웃옷을 벗고 가죽 재킷만 입고 무대에 섰던 민망한 기억이...... 동호야 학준아, 잘 지내지?

Breed / 이 노래는 너바나식 펑크라고 할 수가 있겠는데 (물론 미쳐 날뛰는

트랙 Territorial Pissings가 있긴 하지만) 답답할 때 크게 들어놓고 몸을 흔들기 딱 좋다. 무섭도록 선동적이다. 특히 뒤에 이어지는 두 곡 Lithium, Poly까지 세 곡을 이어서 들으면 설명하기 힘든 정서적 자극을 경험하게 된다. 20대 초반의 어린 친구들이 만들어낸 괴물 같은 결과물에 다시 경의를 표한다.

About a Girl / 데뷔 앨범 Bleach에 있는 노래. 거칠면서 아름답다.

Rape Me / 이렇게 쉬운 코드로 이토록 강렬한 호소를 담아내다니. 점점 무너져가고 있던 커트 코베인의 자기혐오 심리가 고스란히 드러난 노래라고 하겠다. 커트 코베인이 죽고 얼마 안 되었을 때, 강남역의 바 〈Woodstock〉에서 술을 마시고 있는데 이 노래가 흘러나왔다. 바에 있던 젊은이들이 여럿 울었다. 나 역시.

Where Did You Sleep Last Night / 이 노래는 19세기에 만들어졌다고 알려진 미국의 구전 가요다. 제목만 봐도 내용을 짐작케 한다. 가사를 잠깐 보자. '내 사랑, 내 사랑. 나에게 거짓말하지 마. 말해줘. 어젯밤 어디서 잤는지. 나는 밤새도록 떨었어. 슬픔 안에서, 태양이 비치지 않은 그곳에서 밤새도록 떨었어. 내 사랑, 내 사랑. 이제 어디로 갈 거야? 나는 차가운 바람이 부는 곳으로 간다.'

Nirvana

우리나라로 치면 신라 향가 '처용가' 쯤 되려나? 가사와 정서가 묘하게 닮았다. '밝은 달 아래 노닐다 들어와 잠자리를 보니 다리가 넷이네. 둘은 내 여자의 다리인데 다른 둘은 누구의 다리인가? 원래 내 여자였지만 빼앗긴 것을 어찌하리.'

이 노래는 커트 코베인 사후에 발매된 어쿠스틱 라이브 앨범에 있다. 죽기 얼마 전에 가졌던 공연을 CD와 DVD로 발매했다. 정말 이 앨범 끝내준다. 그의 우울과 분노, 불안, 그리고 체념까지 고스란히 녹아있다. 앨범의 제일 마지막 트랙에 있는 이 노래를 부르는 커트 코베인의 목소리는 너무나 슬퍼 들을 때마다 코끝이 시큰해진다. 금발을 흔들며 절규하는 영상도 꼭 찾아보시길.

그는 정말 커트니 러브를 사랑했을까? 행실 나쁜 여자라며 모두가 손가락질한 그녀를 진정으로 사랑했을까? 혹, 온전히 가질 수 없었던 그녀를 향한 갈증이 그를 더 절망케 했던 건 아닐까?

이PD의 Nirvana 번외편

The Pretender - Foo Fighters

커트 코베인이 죽은 뒤 너바나의 드러머 데이브 그롤은 자신의 밴드 Foo Fighters를 만들었다. 처음에는 데이브 그롤이 기타도 치고 베이스까지 연주하는 원 맨 밴드 형식으로 데뷔 앨범을 냈다. 너바나 출신이라는 후광으로 주목을 받았는데 잠깐 하다 말겠지 싶었다.

그런데 이게 웬걸? 푸 파이터스는 꾸준하게 앨범을 냈고 놀랍게도 매번 더 뛰어난 결과물을 선보였다. 커트 코베인의 천재성과 카리스마에 가려졌던 데이브 그롤의 능력과 성실함이 빛을 발했다. 결국 푸 파이터스는 여섯 번째 앨범 〈Echoes, Silence, Patience & Grace〉로 2008년 그래미 최고의 록 앨범상을 탔고 이 노래로 최고의 하드록 부분 상을 수상했다. 정말 괜찮은 록밴드.

My My Hey Hey - Neil Young & Crazy Horse

역사상 가장 유명한 유언 중 하나로 남은 커트 코베인의 마지막 말, '힘없이

'사라지는 것보다 순식간에 타오르는 것이 낫다.'는 닐 영의 이 노래 가사 중 한 구절을 살짝 바꿔 적은 것이다. 하긴 커트 코베인이 딱 좋아할 만한 가사이긴 하다.
'로큰롤은 절대 죽지 않아. 눈에 보이는 것보다 그 이상의 것이 있으니. 우울함을 떨치려다 암흑 속으로 들어갔지. 대가를 치러야 해. 일단 당신이 떠나고 나면 다신 돌아올 수 없어.
왕은 떠났지만 그는 잊히지 않아. 녹스는 것보다 순식간에 타오르는 게 낫지.'
이 노래 들으면 들을수록 참 좋다.

Smells Like Nirvana - Various Artist

크라잉 넛, 노브레인, 언니네 이발관 등 지금은 굵직한 록밴드들이 아직 '인디 밴드'라는 딱지를 붙이고 있을 때 의기투합한 너바나 트리뷰트 앨범. 혈기 왕성한 에너지는 좋으나 열악한 음질과 믹싱은 좀 듣기 괴롭다. 패러디 가수로 유명한 미국의 안코빅('Weird Al' Yankovic)이 같은 제목으로 만든 노래도 있는데 재킷이 헛헛한 웃음을 자아낸다.

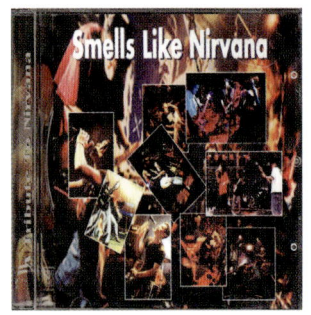 

사실 〈Smells Like Teen Spirit〉라는 멋진 제목에도 웃지 못한 일화가 얽혀있다. 어느 날 커트 코베인의 친구가 커트 코베인의 집 벽에 'Kurt Smells Like Teen Spirit'이라고 낙서를 했다. 커트 코베인은 이 낙서에 영감을 얻어 록 역사상 가장 혁명적인 노래의 제목을 붙였다. 그런데 사실 낙서는 커트 코베인을 놀리기 위한 목적이었다. 커트 코베인에게서 여성용 데오드란트 제품 'Teen Spirit' 냄새가 난다는 의미였던 것이다.

한 인터뷰를 보면 커트 코베인이 '노래를 만들 당시엔 몰랐지만 나중에 틴스피릿 데오드란트 제품이 있는 줄 알게 되었다. 나는 그 제품을 쓰지 않는다.'라고 해명하는 장면이 나온다. 바로 이 제품이다.

Celebrity Skin – Hole

커트 코베인의 아내로 유명했지만 본인도 록 뮤지션이었던 커트니 러브가 이끌던 그룹 홀의 대표곡. 커트니 러브는 최근까지도 앨범을 발표하고 연기 활동도 병행하고 있다. 그녀의 음악에 대해선 'Not Bad'라고 말하고 싶다. 특히 이 앨범은 당시 최고의 주가를 올리던 밴드 Smashing Pumpkins의 빌리 코건이 프로듀서를 맡아서인지 무척 깔끔하고 완성도 있다.

개인적으로는 2집 〈Live Through This〉에 있는 Violet이라는 노래를 좋아한다. 여자 커트 코베인 같은 느낌이랄까?

그녀의 음악적 성취를 어느 정도 인정한다고 해도, 그녀가 재능과 노력 이상으로 주목받은 이유는 커트 코베인의 아내였기 때문이 분명하다. 게다가 커트 코베인이 남긴, 그리고 아직도 저작권료로 들어오는 막대한 재산이 아니었다면 그녀는 Celebrity로 살 수 있었을까?

요즘 커트니 러브는 입에 담기 민망한 기행으로도 유명하다. 마약에 절어 살며 수없이 구금당했고 헤픈 몸가짐으로 헐리웃 창녀라는 표현이 붙기도 했다. 끊이지 않는 욕설과 폭행으로 소송에 휘말리고 요즘도 자기 누드 사진을 찍어 트위터와 페이스 북에 뿌린다. 오죽했으면 아빠도 없는 딸의 양육권을 시어머니에게 빼앗겼겠는가?

커트니 러브도 팜므 파탈의 미모는 사라지고 이제 50살을 바라보는 나이가 되었다. 하늘에서 지켜보고 있을 남편이나 하나뿐인 딸을 위해서라도 부디 건강하게 오래오래 살길…. 이라는 팬들의 소망에도 불구하고 최근 자살 충동을 노골적으로 밝혀 물의를 일으켰다. 아 진짜 누님! 이제 그만 좀 합시다.

비교적 최근 사진. 공식 석상인데 의상이 좀 민망하다. 내가 패션에 무지해서 그런가?

Nirvana

로맨틱 하드록 에세이 **하드록을 부탁해**